RELATION IOVRNALIERE DE TOVT

CE QVI S'EST NEGOTIÉ

en l'Assemblée Generalle des Estats, assignez par le Roy en la ville de Blois, en l'an mil cinq cens soixante & seize.

Tiré des Mémoires de M. I. Bodin, l'vn des Deputez.

A PARIS,

Chez Martin Gobert, au Palais, en la gallerie des Prisonniers.

1 6 1 4.

AVEC PERMISSION.

PAR permiſſion de Monſieur le Lieutenant Ciuil, du 14. Nouembre 1614. ſigné de MESMES, Il eſt permis à Martin Gobert & Melchior Mondiere, Libraires à Paris, de faire imprimer, vendre & debiter vn petit liure intitulé *Relation Iournaliere de tout ce qui s'eſt negotié en l'aſſemblee generalle des Eſtats aſſignez par le Roy à Blois l'an mil cinq cens ſeptante & ſix.* Et deffences à tous autres de l'imprimer ny vendre ſans leur cõſentement, pendant vn an, à peine de confiſcation, & de deux cens liures d'amende. &c.

RECVEIL IOVRNALIER

de tout ce qui s'est negotié en la compagnie du tiers Estat de France , en
l'assemblée generalle des trois Estats
assignez par le Roy en la ville de
Blois au quinziesme Nouembre mil
cinq cens soixante & seize.

LE dix-huictiesme iour de Nouembre le Roy fit son entrée, & la Royne peu apres luy. La Royne mere esto t ja arriuée le iour precedent, & d'autant qu'il y auoit encore bien peu de Deputez arriuez , & que la grande Salle des Estats n'estoit paracheuée, il n'y eut aucune presentation iusques au vingtiesme ensuiuant.

Le vingtdeuxiesme, le Roy ordonna qu'il donneroit audience apres son disner, les Lundy, Mecredy & Vendredy.

A

Le vingtroisiesme , quelques Deputez des trois Ordres se presenterent au Roy sans estre appellez, luy faisant entendre qu'ils estoient venus de tel ou tel pays suiuant son mandement, pour luy presenter les requestes & doleances, chacun de son estat.

Le vingtquatriesme, fut faict vn cry de par le Roy, par tous les carrefours de la ville, que chacun estat s'assemblast à deux heures apres Midy, pour entendre à ce qu'ils auoient affaire. L'estat Ecclesiastique en l'Eglise de S. Sauueur, la Noblesse au Palais ; le tiers Estat en la maison de Ville. Combien que l'ordre Ecclesiastique s'estoit ja plusieurs fois assemblé au logis du Cardinal de Bourbon.

Suiuant ce cry, les Ordres s'assemblerent ausdits lieux, & en la Salle du tiers Estat , les Deputez de chacune Prouince furent appellez suiuãt l'Ordre tenu à Orleans , & se representerent ceux qui s'y trouuerent , & furent leurs noms escripts : le iour mesme l'Archeuesque d'Ambrun accompagné de quelques vns de son ordre alla visiter la Noblesse & le tiers Estat , leur faisant d'honnestes remonstrances pour les vnir en mesme volonté. Le Preuost des Marchands de Paris , comme premier Deputé les remercia , & l'vn des Deputez de Bretagne seruit de Greffier iusques à ce qu'on eust esleu vn President & vn Greffier.

Ce iour mesme , y eut quelques differends entre les Deputez des trois Ordres pour les Estats de Bourgongne & les Deputez de chacun

Bailliage; vray eſt, que les Deputez generaux du tiers Eſtat de Bourgongne n'y vindrent point & celuy de la Nobleſſe s'é departit, & celuy de l'Egliſe s'acorda auec les Deputez particuliers pour auoir ſeance, ſi bon luy ſembloit, ſans voix.

Le vingtſixieſme & vingtſeptieſme, le tiers Eſtat s'aſſembla, & pluſieurs qui auoient eſté abſens ſe preſenterent, & pour Preſident fut eſleu le Preuoſt des Marchands, Preſident des Comptes Deputez auec vn Eſcheuin, & Verſoris Aduocat pour la ville de Paris : tous trois ne faiſoient qu'vne voix, & pour Greffier fut eſleu Pierre Boulenger Deputé de Bretagne, & pour Aſſeſſeurs le Royer & Cuuillier Deputez de Bourgongne & de Clermont.

Le vingthuictieſme iour, en l'aſſemblée du tiers Eſtat, apres pluſieurs debats qui furent pour les gouuernemens, nombre & ordre d'iceux, meſmemét pour les gouuernemens d'Orleans & de Guyenne, fut arreſté que ceux qui eſtoient en differend ſe retireroient pardeuers le Roy, & ſe feroient regler dedans trois iours, & ce pendant qu'on oppineroit par gouuernemens. Et fut auſſi ordonné que les Deputez de chacun gouuernement s'aſſembleroient en l'vn des logis des Deputez ſelon leur commodité, pour verifier leurs pouuoirs & accorder leurs cahyers. Le iour meſme fut deputé le Preſident du tiers Eſtat auec quelques autres Deputez, iuſques au nombre de ſix, pour viſiter l'Egliſe & la remercier du bon office qu'elle auoit faict à l'endroit du tiers Eſtat.

Le Vendredy trentiefme fut faicte proceffion
generalle en l'Eglife S.Sauueur, ou le Roy & les
Roynes affifterent.

Decembre, mil cinq cens foixante & feize.

LE premier iour de Decembre y eut grande
altercation entre les Deputez de l'Ifle de
France & les Deputez de Bourgongne . fur ce
que Bodin Deputé de Vermandois. Et le premier apres les Depputez de la ville, Preuofté &
Viconté de Paris difoit qu'il deuoit auoir feance apres ceux de Paris & les Deputez de Senlis,
Valois, Mante, Clermont, Melun, Dreux &
autres Deputez de l'Ifle de France vouloient a-
uoir feance apres les Deputez de Vermandois.
Ce que les Deputez de Bourgongne & de Bretagne empefcherent les Deputez de l'Ifle de
France fe fondoiẽt qu'il eftoit neceffaire d'eftre
apres ceux de Paris pour opiner tous enfemble
au gouuernement de l'Ifle de France, comme
il auoit efté arrefté qu'on opineroit par gouuernement. Ceux de Bourgongne difoient qu'aux
Eftats de Tours & d'Orleans, ils auoient eu feã-
ce apres ceux de Paris, l'affaire fut renuoyée au
Roy pour en ordonner, lequel en mefme differend entre les Nobles adjugea la preference aux
Deputez de Bourgongne qui fut caufe que le
Deputé de Vermandois ne voulut pas debatre
le different deuant le Roy, craignant femblable arreft.

Ce iour mefme fut arrefté que le Deputé de

Langres bailleroit ſon cayer auDeputé de Sens,
ou bien au Roy pour en ordonner.Fut auſſi leu
vn arreſt du Priué Conſeil, entre les Deputez
des treize villes d'Auuergne eſleus à Clermont,
& le Deputé de la Seneſchauſſée d'Auuergne
eſleu à Rion, & ſur le different qui eſtoit entre
eux, & autres du gouuernement de Lyonnois,
fut dict qu'ils auroient ſeance promiſcuëment
ſans preiudice de leur ordre.

Fut auſſi leu vn autre & ſemblable Arreſt en-
tre les Deputez generaux,eſleuz par les Eſtats de
Dauphiné, & les Deputez particuliers dudict
Dauphiné.

Furent auſſi enuoyez de la part du Clergé
Meſſieurs l'Eueſque de Bayeux,& autres audit
tiers Eſtat pour leur faire entendre qu'ils auoiét
delibeté de communier le iour ſuiuant à ſainct
Nicolas & les inuiterent a faire le ſemblable.

Ce iour meſme les Gouuernements furent
appelez d'ordre, comme s'enſuit. Liſle de France,Bourgongne, Champagne, Languedoc,Pi-
cardie,Orleans,Lyonnois, Dauphine,Prouen-
ce,Bretagne,Normãdie,ſoubs le Gouuernemét
de Guyenne, demeura le Gouuernement de
la Rochelle, pour laquelle n'y eut aucun Deputé, ſoubs le Gouuernement d'Orleans,Poi-
ctou,Touraine,le Mayne,Anjou,Blois,Amboi-
ſe,Angoulmois, & le Marquiſat de Saluce ſous
Dauphiné.

Le dimanche 2.iour de Decembre,la pluſpart

des Deputez communierent en l'Eglise Sainct Nicolas.

Le lundy 3. Decembre, les Gouuernements chacun en particulier entrerent en conference, & verifierent leurs pouuoirs. Cela faict au Gouuernement de Lisle de France, Versoris ouurit le Cayer de la ville de Paris ou l'article de la Religion fut leu, par lequel il estoit requis, qu'il pleust au Roy vnir tous ses seruiteurs, en vne Religion Catolique Romaine. Et apres que Versoris eut remonstré que cela estoit necessaire conclut le Deputé de la Preuosté de Paris, leut vn semblable article, nonobstant tous Edicts, & conclud, Bodin Deputé de Vermandois deuant que d'opiner leut tout haut, le premier & douxiesme article du Cayer general de Vermandois, qu'il pleust au Roy maintenir ses subjects en bonne paix, & dedans deux ans tenir vn Concille general, ou national, pour regler le faict de la Religion, & puis apres auoir longuement discouru sur les incommoditez de la guere, fut interrompu par Versoris, qui respondit a ce que disoit ledit Bodin Deputé de Vermandois, lequel repliqua. Et ce pendant interuint le grand Preuost de l'Hostel, qui vint querir le Preuost des Marchands, & la compagnie estant rasemblee apres disner, Bodin continua, & en fin conclud que l'Edit de pacification fut entretenu. Le Deputé de Senlis conclud auec ceux de Paris, & le deputé de Mante qui adiousta ces mots, par doulces & sainctes voyes, le Deputé de Vallois fut d'auis que l'article de la Religion

fuſt reſerué à la fin:Et apres que chacun eut dit
ſon aduis,ils ſe trouuerent partis par le Deputé
de Vermandois qui ſe reduiſit à l'oppinion de
ceux qui vouloyent que l'article feuſt reſerué à
la fin.

Le iour meſme, il fut arreſté au gouuernement de Bourgongne,que le Roy ſeroit requis
maintenir ſes ſubiets en la Religion Romaine
pourueu que cela ſe fiſt ſans r'entrer en guerre.

Le ſixieſme Decembre le tiers Eſtat s'aſſem-
ble, & arreſte d'enuoyer le Preſident de la compagnie auec quelques autres,ſupplier le Roy de
dóner ſeance au tiers Eſtat honorable,& à part,
& qu'il ne fuſt poinct derriere les deux autres
Eſtats , fut auſſi arreſté , s'il ſe preſentoit quelques vns pour former oppoſition & proteſter
contre les Eſtats que le Roy ſeroit ſupplié de
paſſer outre ſans y auoir eſgard.

Le ieudy ſixieſme dudict mois,le Roy fit ſa
propoſition en la grande ſale pource preparee,
aſſis en vn hault ſiege , & a ſa dextre la Royne-
mere, puis Monſieur frere du Roy en meſme
rang,& la Royne a coſté ſeneſtre,puis en poté-
ce du coſté dextre eſtoit Monſieur le Cardinal
de Bourbon,le Marquis de Conty & ſon frere,
puis Monſieur de Montpencier , & le Prince
Dauphin,le Duc de Merceur frere de la Royne,
Les Ducs Dumayne,& d'Vzes , & vis à vis à co-
ſte ſeneſtre, les Eueſques de Langres , Laon,
Beauuais , cóme pairs de France,& au bout de
l'eſchaffaut , le Chancelier eſtoit aſſis en vne

chaire a cefte feneftre au deuant duquel efchaf-
faut y auoit 12. bancs de rang du cofté dextre,
& autant à feneftre. Sur les fix premiers bancs à
dextre eftoit le Clergé , fur les fix à feneftre e-
ftoit la nobleffe,& derriere les deux ordres d'vn
& d'autre cofté, eftoit le tiers Eftat felon l'ordre
qu'ils furent appellez, faifant le feigneur Doi-
gnon l'Eftat du grand Maiftre des Ceremonies
abfent,& au trauers des douze bancs,y en auoit
d'autres au deuant en longueur ou eftoyent af-
fis les Confeillers du priué Confeil,& le refte de
la fale plain de toutes fortes d'hommes fans ordre & en haut de la fale y auoit des Galleries
pour les Dames de Cour.   Le Roy fit fa harã-
gue d'vne grace & action tres-belle , puis le
Chancelier apres les Prefidans , de chacune des
trois ordres,dirent briefuement qu'ils auroient
entendu la propofition du Roy,& de monfieur
le Chancelier, & qu'ils s'efforceroyent de la
mettre à execution,& dura la propofition deux
heures ou enuiron.

Le feptiefme decembre en l'affemblee du
tiers Eftat fut arrefté qu'on fupliroit le Roy au
nom de tous les Eftats (apres en auoir communiqué aufdicts deux autres Eftats.) Que fur les
articles qui feroyent propofez par lefdics Eftats
generallement ou feparement feroit donné reglement par les Iuges qu'il plairoit à fa Majefté
de nomer,appeller de chacun ordre, vn des Deputez de chacun Gouuernement,fauftoutes-
fois audicts Eftats ayant veu la lifte des Iuges,
luy pouuoir fur ce faire les remonftrances qu'il

appartiendroit , lequel reglement demeureroit
pour vne loy inuiolable.

Fut auſſi arreſté, que pour compoſer le Cayer
General ápres que les cayers particuliers ſeroyent arreſtez, ſeroit nommé vn ancien Deputé de chacun gouuernemēt, qui ſeul porteroit la
parolle, & comme les autres Deputez de chacun Gouuernement ſeroyent aſſis prez dudiȼt
ancien Eſleu pour luy donner aduis.

Ce iour meſme Verſoris fut eſleu pour porter la parolle au Roy pour le tiers Eſtat. L'Egliſe
auparauant auoit eſleu l'Archeueſque de Lyon,
& la nobleſſe, le Baron de Senecey, fils du grād
Preuoſt de l'Hoſtel.

Ce meſme iour quelques vns de la nobleſſe
vindrent en l'aſſemblee du tiers Eſtat, touchāt la
requeſte qu'on deuoit faire au Roy, pour les Iuges des Cayers, & fut reſolu que chacun deſdits
Eſtats enuoieroit douze perſonnes, pour faire
ladiȼte requeſte & qu'auparauant les trente-ſix
Deputez , à ceſte fin ſe trouueroyent le iour
ſuiuant à ſainȼt Sauueur qui eſtoit le Dimanche.

Le Lundi dixieſme du mois, les trente-ſix Deputez des trois ordres eſtans aſſemblez à S. Sauueur, car l'Archeueſque de Lyon eſleu Preſidēt
& Orateur par l'Egliſe dit, qu'il s'eſtoit trouué
vne requeſte ſur le burreau ſans autheur, qui
portoit , que le Roy ſeroit ſupplié au nom de
tous les Eſtats, authoriſer tous les articles qui
ſeroyent arreſtez vnanimement par tous leſdits
Eſtats, & quand aux articles qui ſeroyent en diſ-

cord,qu'il pluſt à ſa Majeſté y donner reglemét
par l'aduis de la Royne ſa mere & Meſſieurs les
Princes du ſang , & des Pairs de France , & des
douze Deputez de chacune ordre , ſurquoy il
eſtoit beſoing de conferer,dautant que les douze enuoyez par le tiers Eſtat n'auoyent autre
puiſſance que d'entendre, ce qui ſeroit dit par
les deux Eſtats, & rapporter le tout à l'aſſemblee : Cela fut cauſe de ne rien reſouldre: Mais
ladite cóferáce fut differee à deux heures apres
midy.& fut arreſté en l'aſſemblee que les douze
Deputez iroyent conferer auec les deux autres
Eſtats,& accorder la requeſte ſuſdicte ſauf toutesfois que les Deputez des trois ordres que le
Roy appelleroit, n'auroyent point voix deliberatiue pour Iuger,ains ſeulement pour remonſtrer au Roy,ce qu'ils verroiét le plus expediant
& que le Roy ſeroꝛ ſupplié de bailler la liſte des
Conſeillers du priué Conſeil.

Eſtant les trentecinq deputez en conference
apres diſner,il fut arreſté par l'Egliſe , & la nobleſſe que la requeſte ſeroit faicte au Roy ver-
ballement ſans vſer de la modification dudict
tiers Eſtat lequel ne voulut y conſentir, & les
douze Deputez du tiersEſtat en firent leur rapport. Le Mercredy ſuyuant audit tiers Eſtat
aſſemblé,qui arreſta que le tiers Eſtat conſenti-
roit la requeſte ainſi quelle eſtoit couchee,
pourueu qu'és articles ou l'vn des Eſtats ſeullement auroit intereſt les deux autres n'auroyent
qu'vne voix , & que cela ſeroit expreſſement
declaré.

Le tresiesme, les trente cinq Deputez susdits firent ladicte requeste au Roy estant auec la Royne-mere, & Monsieur en son cabinet qui fit responce sur le champ, que les Cayers luy estāt presentez, il feroit telle responce par l'aduis de ses Conseillers du priué Conseil qu'il seroit aduisé desquels il promit leur bailler la liste, & que les trente cinq Deputez des trois Estats seroyent ouys comme il estoit requis : sans toutesfois auoir voix deliberatiue si que lesdicts Estats auroyent occasion de s'en contenter : mais quand a ce qui estoit requis qne le Roy accordast qu'il autoriseroit tout ce qui seroit accordé par les trois Estats vnanimement qu'il ne pourroit accorder cela ne scachant ce qu'ils pouroiēt demander.

Le quinziesme dudit mois, l'atticle de la Religion fut remis en deliberation en l'Isle de Fráce qui ja estoit accordé par la Noblesse, que le Roy seroit requis de reduire tous ses subjects à vne Religion romaine : sur quoy Versoris dict que le Roy l'entendoit & le vouloit ainsi, & qu'il l'en auoit asseuré : à quoy le Deputé de Vermandois dit que c'estoit l'ouuerture de la guerre apres plusieurs remonstrances il conclud à l'Edict de pacification suiuant sa charge, tous les autres conclurent, comme ceux de Paris en y adjoustant ces mots, par les plus douces & sainctes voyes que sa Majesté aduiseroit : à quoy le Deputé de Vermandois se reduisit sans aller n'y protester au contraire, alors le Preuost des Marchands de Paris dit, *Nunc dimittis seruum tuum*

Domine, &c.

Le feiziefme, vint vn homme enuoyé de Reims, & vn autre de Chaalons, depuis enco-res vn autre de Soiffons auec procurations def-dites villes faictes chacunes en particulier, & fans y appeller les Preuofts du plat pays pour la defaduoüer le Deputé de Vermandois, comme ayant demandé deux religions : à quoy ledit Deputé leur fit refponce que leurs defadueus eftoient deffectueux en la forme & en la manie-re, comme il eft bien au long contenu au pro-ces verbal, lefdits Deputez fe retirerent au Roy qui les renuoya à fon Confeil, ou la refponfe du-dit Bodin fut trouuée fi iufte que plufieurs dudit Confeil eftoient de mefme aduis, & lef-dits Deputez defdites villes s'en retournerent.

Le iour mefme quelques Deputez du Roy de Nauarre arriuerent qu'on difoit vouloir faire quelques remonftrances aux trois Eftats par la permiffion du Roy.

Le dixfeptiefme fut arrefté en l'affemblée du tiers Eftat, que le iour fuiuant ils fe raffemble-roient pour ouyr lefdits Deputez du Roy de Nauarre, & que dedans trois iours tous les gou-uernemens apporteroient tous leurs cayers ac-cordez pour compofer le cayer general.

Le iour mefme le Deputé de Chaftelleraut dit que Chaftelleraut eftoit de l'ancien gouuer-nement de Guyenne, duquel les Deputez de Poictou s'eftoient diftraicts pour fe ioindre au Gouuernement d'Orleans, requerant qu'il luy fuft permis fe ioindre au gouuernement de

Guyenne. Ce qui fut empefché par ceux de Poictou, & protefté de part & d'autre, & fut dit qu'ils fe pouruoiroient pardeuers le Roy.

Le Mardy dixhuictiefme, lefdits Deputez de Nauarre & autres Miniftres ne fe prefenterent aufdits Eftats, comme on difoit afin de ne les approuer. Le mefme iour le Procureur general du Roy au Parlement de Paris, apporta vn cayer contenant plufieurs articles, principalement pour le reglement de l'Eglife & de la Iuftice, pour y aduifer & en prendre ce qu'on iugeroit le plus expedient, comme il auoit faict le iour precedent à l'Eftat Ecclefiaftique & de la Nobleffe.

Et le iour mefme vint vn Iacobin faire vne requefte, que fuiuant le Concille de Trente il fuft permis aux mandians d'auoir immeuble, il fut dict qu'on aduiferoit fur fa requefte en dreffant le Cayer general.

Le Lundy vingtquatriefme vigille de Noël, l'affemblée du tiers Eftat commença à compiler le Cayer general, & fut commencé par l'ouuerture du Cayer de l'Ifle de France.

Le vingtfixiefme en l'affemblée du tiers Eftat fe prefenterent les Deputez des Vniuerfitez de Paris, Poictiers & Orleans prefentans leurs Cayers à l'affemblée pour les inuiter à la Religion Catholique & Romaine.

Ce iour mefme y eut differend entre le Scindic general de Prouence, & le Deputé du tiers Eftat a qui auroit entrée & feance, le Scindic eftoit Cheualier de l'ordre qui vouloit entrer

aux trois Eſtats : mais il fut debouté par l'Egliſe
& par la Nobleſſe, mais le tiers Eſtat ordonna
qu'il auroit entiere ſeance & voix auec les Deputez du tiers Eſtat, à la charge qu'il ne pourroit entrer aux deux autres Eſtats & fit le ſer-
ment.

Ce iour meſme, quelques Deputez de l'E-
gliſe comparurent en l'aſſemblée, exhortant le
tiers Eſtat a ſouſtenir vne Religion Catholique
Romaine ſeulement, & le Concille de Trente:
& regarder ſur les articles generaux & com-
muns aux trois Eſtats, pour iceux compiler en
vn Cayer & le faire authoriſer au Roy, à fin que
la choſe fuſt plus authentique.

Ce iour meſme en l'aſſemblée du tiers Eſtat à
la pluralité des Gouuernemens fut arreſté que
le Roy ſeroit ſupplié reünir tous ſes ſubjects à la
Religion Catholique Romaine par les meilleu-
res & plus ſainctes voyes & moyens que faire ſe
pourroit, & que tout autre exercice de Religiõ
pretenduë reformée fuſt oſtée, tant en public
qu'en particulier, leſdits Miniſtres dogmatiſans,
Diacres ſurueillans contraints vuider le Royaume dedans tel temps qu'il plaira au Roy ordonner, nonobſtant tous Edicts faicts au contraire,
& que le Roy ſeroit ſupplié de prédre en ſa pre-
tection tous ceux de ladite Religion autres que
leſdits dogmatizans, Mimiſtres, Diacres, & Sur-
ueillans en attendant qu'ils ſe reduiroient à la
Religion Catholique.

Lequel article paſſa aux voix des Gouuerneurs de l'Iſle de France, No mandie, Cham-

pagne, Languedoc, Orleans, Picardie & Prouence : mais les Gouuernemens de Bourgongne, Bretagne, Guyenne, Lyonnois, Dauphiné, furent d'auis qu'on deuoit adjoufter audit article que l'vnion de ladicte Religion fe fift par voyes douces & pacifiques & fans guerre, toutesfois les fept gouuernemens l'emporterent : mais il eft à notter que le gouuernement de Guyenne auoit dixfept Deputez, & le gouuernemét tde Prouence n'en auoit que deux, à lors les Deputez de Sainct Pierre le Mouftier & de la Marche & quelques autres d'Auuergne demanderent acte de l'article qui auoit efté faict par leur gouuerneur pour leur feruir de defcharge enuers ceux qui les auoient Deputez, ce qui fut refufé du confentement de l'affemblée pour ne faire ouuerture aux nullitez, aux proteftations qu'on pourroit former contre l'aduis defdits Eftats il y eut grandes altercations & plaintes des cinq gouuernemens fufdits.

Le mefme iour il fut deffendu au Deputé de Prouence Cheuallier de l'Ordre, de plus porter d'efpée en l'affemblée du Tiers Eftat pour le differend qu'il auoit eu auec fon collegue qu'il menaçoit & premit de ce faire.

Le vingthuictiefme, de releuée fut remonftré par ceux de Guyenne, qu'ils auroient eu aduertiffement que ceux de la Religion s'eftoient emparez de plufieurs villes & chafteaux, & qu'il eftoit raifonnable qu'on remonftraft au Roy qu'il y pourueuft, pareille remonftrance fut faicte à l'Eglife, & fut donné charge au Prefident

& Maire de Bordeaux auec quelques autres
d'aller auec les Deputez de l'Eglise & de la Noblesse pour en faire remonstrance au Roy, &
depuis fut continuée le iour mesme la compilation du Cayer.

Là se fit en l'assemblée du Tiers Estat des grandes plaintes & doleances de la part de ceux qui
auoient conclud à l'entretenement de la paix
contre ceux de Tholouse & autres qui vouloiët
amoindrir la perte des villes occupées.

Le Roy fit response aux Deputez susdits, qu'il
auoit pourueu à ce qu'on demandoit, & neantmoins dit aux Deputez qu'il seroit bon de choisir quelques vns d'entre eux pour les enuoyer
en qualité d'Ambassadeurs vers le Roy de Nauarre, le Prince de Condé & le Mareschal
Dampuille sans dire à quelle fin.

Sur le rapport faict par le President Aydmont
de la responce du Roy, furent esleus Messieurs
Belin Deputé de Troyes mesnager general des
finances de Touraine, & Malaquin Deputez
d'Orleans, à la charge qu'ils declareroient en
plaine assemblée les causes de leurs legations
pour sçauoir si elle estoit necessaire, & ce pendant fut continuée la compilation du Cayer.

Le Lundy trenteuniesme Decembre, Belin
Deputé de Champagne fut deschargé de ladicte
legation en faisant instance, attendu la vieillesse
de soixante dix ans, & Malequin pour vne sour-
dité d'oreille, & en leur place furent subrogez
le Scindic de Prouence Cheualier de l'Ordre,
& vn Escheuin de Rouën aussi Deputé.

Le iour

Le iour mefme furent Deputez douze perfonnes dudit Tiers Eftat, à la requefte de l'Ordre
Ecclefiaftique, pour fe trouuer à Sainct Sauueur
auec pareil nombre des deux autres Eftats, pour
deliberer fur les inftructions qu'on deuoit bailler aux Ambaffadeurs, & rapporter le tout en
l'affemblée, & ce pendant fut continuée la cõ-
pilation du Cayer.

Ce iour mefme vint le premier Prefident de
la Chambre des Comptes en l'affemblée du
Tiers Eftat, ayans ja efté vers les autres Eftats
enuoyez de par le Roy, pour faire entendre aufdits Eftats le fond de fes finances, & les debtes
contractées par fes predeceffeurs, qui montoiẽt
à la fomme de plus de cent millions, & qu'à cefte fin il auoit principalement affemblé les Eftats
pour aquitter la foy de fes predeceffeurs & la
fienne : furquoy furent deputez douze perfonnes de chacun ordre pour entendre dudit fieur
Prefident en quel eftat eftoient les finances, en
conferer & auifer pour rapporter ce qui auoit
efté communiqué à chacun Eftat, & fur ce dõner aduis pendant que les autres Deputez pro-
cedoient à la compilation du Cayer general.

Depuis le rapport faict par lefdits Deputez au
faict des Finances, il fe trouua qu'on ne pouuoit entendre au vray ledit Eftat des Finances,
attendu que ledit Prefidẽt ne bailloit rien qu'en
abregé, & plufieurs penfoient que les abregez
n'eftoient pas faicts au vray, n'y pareillement
les dons & penfions ne furent point communi-
quées aufdits Eftats.

LE Mecredy deuxiesme iour de Ianuier, de
la Riuiere Scindic de Bordeaux apporta à
l'assemblée du Tiers Estat les instructions qu'on
deuoit bailler aux Ambassadeurs vers lesdits
Princes & Mareschal Dambuille, disant que lesdites instructions luy auoient esté baillées par
ceux du Clergé pour estre leuës en l'aseblée de
chacune ordre, à la charge de n'en rien rediger
par escript n'y mettre sur tablette: lesquelles instructions estant leuës par diuerses fois, fut aduisé par l'assemblée du Tiers Estat de corriger
les parolles aigres & piquantes, & icelles communiquer aux autres Estats, pour le tout reueu
& accordé en estre retenu coppie signée & mise
pardeuers le Greffier. Lequel Scindic de Bordeaux ayant apporté lesdites instructions corri-
gées, rapporta que quelques Deputez du Clergé viendroiét de releuée pour en communiquer
plus amplement en l'assemblée dudit Tiers estat,
& à ceste fin les Euesques de Bayeux & d'Authun vindrent en ladicte assemblée auec vn
Cayer beaucoup plus ample, duquel estoient
extraictes les susdites instructions auec la forme
d'vne procuration & lettres de creance ausdits
Princes, & remonstrerent à la compagnie que
les Estats de l'Eglise & de la Noblesse auoiét aduisé que lesdites procurations, instructions &
lettres seroient signées seulement des Greffiers
desdits Estats, & qu'il n'en seroit retenu aucune
coppie.

Lefdicts Euefques s'eftant retirez pour laiffer
deliberer le tiers Eftat. Fut refolu que les premieres inftructions feroyent fuiuies, atédu que
ledit Cayer eftoit plain de paroles denóciatiues
de la guerre, & ob'igatoires aux frais d'icelle,&
neantmoins que la coppie defdictes premieres
inftructions demeureroit pær deuers le Greffe,
& le tiers Eftat fit noter entre ligne,les endroits
piquants & contumelieux.

Le troifiefme Ianuier furent derechef rapor-
teesles grandes inftructions & releües ainfi que
l'Eglife & la nobleffe les auoiët accordees,& fut
arrefté qu'elles feroyent fuiuies felon qu'elles
auoyent efté erigees par le tiers Eftat,& fignees
par les Greffes & coppie laiffee entre les mains
du Prefident de l'affemblee, qui feroit cachetée
iufques au temps que les Ambaffadeurs retour-
neroient,& fut continué cependant à compiler
le Cayer.

Ce mefme iour Bodin Deputé de Vermandois requit la compagnie du tiers Eftat qu'il
fuft employé article au Cayer, par lequel le
Roy feroit fupplié ordonner que les fergens &
Notaires deflors en auant feroyent tenus datter
les actes par les heures,du moins deuãt ou apres
midi , & quant aux teftamens qu'il feroit mis
auffi s'ils eftoyent paffez le iour ou la nuict.
Remonftrant la couftume prefque de tous les
autres pays & les faucetez qui font commifes
à fautes d'y employer les dattes des heures ; ce
qui fut accordé par l'affemblee : ores que le-

dict Bodin Deputé n'en euft rien par fon Cayer.

Ce mefme iour fur l'aduertiffement donné par aucuns de l'affemblee , que les Deputez de la Nobleffe & de l'Eglife s'entendoient à faire ietter fur le tiers Eftat , les frais des Ambaffadeurs qui feroyent enuoyez vers le Roy de Nauarre & autres,& qu'à cefte fin ils auoyent pratiqué quelques Commiffaires du Roy,fut arrefté que le tiers Eftat n'en payeroit rien, atendu qu'ils ne fe faifoyent à la promotion dudit tiers Eftat:Et d'autant que les deux autres Eftats vouloyent auffi faire payer audit tiersEftat leurs vaccatiós, pour eftre venus aufdicts Eftats, il fut auffi accordé que chacun defdits Eftas payeroit fes Deputez , & que s'il y auoit commiffion au contraire , qu'on formeroit oppofition,& fut continuer à compiler le Cayer general.

Le Vendredy matin , quatriefme iour dudict mois,eftant lefdictes inftructions, auec les procurations & lettres de creáces qu'on deuoit bailler aux ambaffadeurs,rapportees par l'Euefques de Bazas , efquelles on auoit encore laiffé plufieurs paroles piquantes que le tiers Eftat auoit aduifé de rayer. Et que le Prefident du tiers Eftat,& autres Deputez,auroyent remonftré audict Euefque, que telles parolles eftoiét denonciatiues de la guerre, & obligatiores aux frais d'icelles , l'Euefqne confeffa que meffieurs du Clergé n'eftoyent promoteurs de cefte legagation,ains le Roy,qui vouloit que lefdictes parolles que le tiers Eftat vouloit rayer fuffent em-

ployees. Il adiouſtoit auſſi que la Nobleſſe n'e-
ſtoit d'auis qu'aucun Ambaſſadeur fuſt enuoyé
au Prince de Condé.

Ce iour meſme l'Eueſque Dautun vint au
logis de Bodin Deputé, & luy fit entendre que
pluſieurs gens d'honneur auoient aduiſé qu'il
ſeroit bon qu'il fuſt enuoyé par le tiers Eſtat
vers le Prince de Condé auec ledict Eueſque
Dautun, & Mont-morin pour la Nobleſſe, Bodin luy dict, qu'il eſtoit mal diſpoſé pour vn tel
voyage, atendu la rigueur du temps, joinct auſſi
qu'il s'eſtoit trop affectionné pour la paix, Et
qu'on le pourroit tenir pour ſuſpect, & en tout
eſuenement qu'il n'auoit ny cheuaux ny moyé
d'en achepter, l'Eueſque d'Autun luy promit de
luy faire bailler tout ce qu'il faudroit, ce que ledit Bodin ne voulut accepter.

Ce meſme iour de releuee on eſleu au lieu
de ceux qui s'eſtoyent excuſés de la legation du
du tiers Eſtat. Le Preſident de Poictiers, & le
Sindic de Prouence Cheualier de l'ordre, qui
depuis s'en excuſa par ſon Collegue, qui fut
mis en ſon lieu : Tellement que l'Archeueſque
de Vienne, le ſeigneur de Rubempré, & le general Menager, furent enuoyez au Roy de Na-
uare: L'Eueſque Dautun, Montmorin, & le Préſident de Poictiers, au Prince de Condé. L'Eueſque du Puy, le ſeigneur de Rochefort, & de
Tholle, au Mareſchal Dapuille, & fut touſiours
continué à compiler le Cayer general.

Le Samedy matin cinquieſme, les inſtructiós
des Ambaſſadeurs furét rapportees au tiersEſtat

par l'Archeuesque d'Ambrun , & l'Euesque
Dauthun, ainsi quelles estoient corrigees par le
tiers Estat, & lecture faicte furent signees par les
trois Secretaires des trois Estats, assauoir, Bro-
uet, Brianzon, & Boulanger, ensemble les lettres de creance, & la coppie de tout retenue par
lesdicts Secretaires & le tout ployé en pacquet
& cacheté de cire d'Espagne, & paraphé par ledict Boulanger, & mis entre les mains du President de l'assemblee du tiers Estat.

Le sixiesme iour, les Ambassadeurs Deputez
au Roy de Nauarre par les Estats, partirent en
compagnie du sieur de Birõ Ambassadeur pour
le Roy.

Le Lundy septiesme iour dudict mois, vint
en l'assemblee dudit tiers Estat, l'Euesque Dauthun, & fit vne requeste verbale à l'assemblee
au nom du seigneur Dauety Euesque de la Vaur,
à ce que ledit tiers Estat eust à ce ioindre auec
luy pour supplier le Roy, luy permettre resigner
son Euesché en faueur de Genebard, lecteur du
Roy en Hebrieu , & Docteur en Theologie
nonobstãt la reserue qu'on disoit estre faicte en
faueur du sieur de Pybrac , ou de celuy qu'il
nommeroit: L'assemblee sur le champ fit respõ-
ce qu'elle ne se pouuoit empescher de ladicte
requeste attendu mesmemét cequi auoit esté ja
resolu par l'assemblee sur le faict des ellections,
& nominations des Euesques.

Ce iour mesme, partirent les Ambassadeurs
des Estats Deputez , vers le Mareschal Dampuille.

Le Mardy huictiesme dudict mois, le seigneur de Misery, & autres Deputez par la Noblesse comparurent à l'assemblee du tiers estat, qui remonstra de la part de la noblesse qu'elle auoit auisé à vn reiglement de la gendarmerie qui estoit de reduire le nombre d'hommes d'armes qui seroyent entretenus en temps de guerre, & en paix, au nombre de trois mil, qui reuenoit à neuf mil cheuaux, & les gents de pied à vingt mil en temps de guerre, & à douze mil en temps de paix, & que les deniers qu'on leuoit pour la gendarmerie ne fussent employez ailleurs, & que les estats supliassent le Roy de l'ordonner ainsi, & faire arrester les deniers des tailles, & du taillon pour le quartier de Ianuier, Feburier, & Mars, es mains de quelques notables bourgeois de chacune ville, à ce qu'ils ne fussent employez en autre vsage, qu'au payement des forces qui seroyent leuees pour le seruice du Roy, Si tant estoit qu'on vint à la guerre.

Sur laquelle proposition fut resolu par le tiers Estat, qu'il en seroit deliberé en lassemblee, & de toute la discipline militaire, apres auoir paracheué le chappitre de la Iustice, & pour faire entendre ladicte resolution à la Noblesse furent Deputez le presidét de Tours & quelques autres & fut côtinuee la compilation du Cayer General.

Ce iour mesme tous les Deputez de Bourgongne des trois estats, furent mádez au cabinet du Roy, apres disner, & en presence du Duc de Mayenhe Gouuerneur dudit pays. Le Roy leur expofa qu'il eftoit befoin d'auifer les moyens d'executer ce qui feroit par luy arrefté, à la requefte des Eftats, fut par affociatió ou autremét, les priant d'y faire leur deuoir, & que le pluftoft eftoit le meilleur, & que lefdits feigneur Duc leur feroit entendre le furplus de fon intention, & cela faict tous les Deputez eftans fortis accompagnerent le Duc de Mayéne en la chambre, qui leur declara le fubiect de ladicte affociation, qu'il difoit eftre dreffee pour la manutehtion de la Religion, & deffence de l'Eftat du Roy, & conferuation du peuple, & pour faire entretenir ce qui feroit arrefté aux Eftats, les exhortant à tenir la main que ladicte affociation fuft accelleree en la plus grande diligence que faire ce pourroit, par ceux qui les auoyent Deputez:& d'autant que le feigneur Duc n'auoit ladicte affociation, il donna heure au lendemain pour la leur communiquer continuant toufiours lefdits Deputez à leurs Cayers Generaux, autāt l'Eglife que la nobleffe, & tiers Eftat, comme ils faifoient toufióurs fans intermiffion, s'ils n'eftoiét interrompus par la venue de l'vn des Eftats ou Deputez d'iceluy, pour faire quelque remonftrance à l'autre Eftat, ou de la part du Roy.

Le neufuiefme iour dudit mois, le Prefidét de Tours fit fon rapport à l'affemblee de ce qu'il auoit negotié auec la Nobleffe, fur le faict de la gendarmerie, comme il a efté dict cy deffus, & dit, que la Nobleffe luy auoit dit, que le tiers

Eſtat ne deuoit aucunement refuſer a ſe ioindre à vne choſe ſi vtile, & neceſſaire, mais on
s'arreſta à la premiere reſolution ia prinſe.

Ce meſme iour des Auenelles Deputé du
tiers Eſtat de Vallois recita auſſi à l'aſſemblee,
ce qu'il auoit entendu auec les autres Deputez
des trois eſtats pour le fait des finances, qui ſe
traitoit en vne chambre ſeparee, ou le premier
Preſident de la chambre des comptes auoit cō-
muniqué auec leſdits Deputez, & remonſtra
lediƈt Deputté de Vallois qu'on auoit veu que
pluſieurs rentes couroient ſur le Roy qui
eſtoyent conſtituees pour debtes non deuës,
& pluſieurs autres abus commis aux finances.

Et ſurce le tout mis en deliberation, fut arreſté qu'on ſe ioindroit auec les eſtats de l'egliſe &
de la Nobleſſe pour ſupplier le Roy : S'il eſtoit
beſoin de proceder par arreſt & ſaiſie de ſes deniers, qu'on ne touchaſt aux deniers deſtinez
pour le payement des rentes par luy cōſtituees
& pour les gaiges de ſes officiers, & qu'il ne ſeroit a preſent touché au reglement de la gendarmerie, & fut derechef Deputé le Preſident
de Tours & autres pardeuers leſdits eſtats pour
leur faire ſçauoir ladiƈte reſolutiō, & les inuiter
à contribuer de leur coſté au faiƈt de la guerre qui ſe prepareroit. Leſdits Deſputez du tiers
eſtat, & les Deputez au faiƈt des finances furent
chargez de donner aduis aux deputez des autres
eſtats, que recherche fuſt faiƈte des rentes mal
conſtituees,& ſur le Roy ,quiſe trouueroient

vſuraires , ou pour debtes non deues, & n'eſtás
entrees aux coffres du Roy, les contraɛts qui en
auoiét eſté paſſez adnullés, & les arrerages qui
en auoyent eſté payez, comptés au ſort principal,ſi aucun ſort y auoit eu.

Ce meſme iour le Duc de Mayne , commu-
nicqua aux Deputés de Bourgongne la forme
d'aſſociation pour extirper la religion pretéduë
refformee,enſemble vn memoire contenant
quelques moyens pour l'inſtruɛtió de la Guerre , & du tout fut faiɛte leɛture, apres laquelle
fut aduiſé qu'il ſeroit déliberé ſeparément par
chacun Eſtat dudiɛt gouuernement de la reſpó-
ce qu'on feroit audit ſeigneur Duc pour s'en
reſouldre; Tous leſdits trois Eſtats enſemble
en l'Egliſe S.Sauueur heure de midy.

Le Roy fit auſſi appeller particulierement pluſieurs Deputez pour le faiɛt de ladiɛte aſſociation qu'il enuoya aux Gouuerneurs des Prouinces pour la faire ſigner aux gentils-hommes &
villes,chacune en ſon reſſort , ce que pluſieurs
firét, les autres differerent,les autres refuſerent,
comme la ville d'Amyens qui enuoya les Deputez expres pour le faire trouuer bon au
Roy.

Et d'autant qu'on doutoit que les villes de
Guyenne qui eſtoient encores en l'obeiſſance
du Roy fuſſent priſes ou qu'elles ſe reuoltaſſent
on enuoya garniſons en pluſieurs , qui en partie
les reçeurent , en partie les refuſerent.

Le Ieudy dixieſme dudit mois au matin,com
parurent en l'aſſemblée du tiers Eſtat qui conti-

nuoit toufiours à la compilation du Cayer quelques Deputez de la Nobleſſe, laquelle aduertie
par le Preſident de Tours de la reſolution du
tiers Eſtat, ſur le reglement de la gendarmerie
enuoya leſdits Deputez pour faire trouuer bon
l'arreſt des deniers de la taille & du taillon, cōme dit eſt, & de ſe joindre à la ſupplication de
ladicte Nobleſſe qu'elle auoit deliberé faire au
Roy : la matiere de rechef miſe en ſdeliberation
fut reſolu abſoluëmēt que ledit tiers Eſtat n'ad-
hereroit aucunement à ladicte requeſte, & s'il
s'en faiſoit pourſuitte par laNobleſſe que le tiers
Eſtat s'y oppoſeroit, & qu'à ceſte fin on en dreſ-
ſeroit requeſte par eſcript pour repreſenter au
Roy. Et d'autant que ladicte Nobleſſe faiſoit
bouclier du Clergé, auec lequel elle diſoit eſtre
d'accord dudit arreſt des deniers, fut arreſté que
ledit Preſident de Tours & autres Deputez de
chacun gouuernement ſe tranſporteroient par
deuers leClergé pour leur faire entendre les raiſons du tiers Eſtat, & les diuertir de l'intention
de la Nobleſſe pour l'intereſt que ledit Clergé y
auoit, eſtant choſe aſſez claire que la Nobleſſe
ne tendoit à autre fin qu'a ſe decharger de tous
les frais de la guerre qu'ils eſtoient tenus de faire ayans tous les fiefs prerogatiues de Nobleſſe,
priuileges & exemptions pour faire la guerre.

Le Vendredy vnzieſme dudit mois, l'aſſemblée des Eſtats continuant chacun en ſa ſalle à la
compilation de ſon Cayer, comparut le ſeigneur le Villequier enuoyé de la part du Roy
aux Salles deſdits trois Eſtats, & fit entendre au-

dit tiers Eſtat que le Roy trouuoit eſtrange que
l'on s'occupoit ſeulement a des diſputes friuol-
les & inutilles, & qu'on ne touchoit point au
principal, qui eſtoit de faire fonds audit ſeigneur
pour ſeruir a ſes vrgentes affaires, exhortant
qu'on euſt a y pouruoir & donner ordre, il declara auſſi qu'il auoit charge du Roy de faire
deffence expreſſe à tous les Deputez de ne partir de Blois que leurs Cayers ne fuſſent arreſtez,
& qu'il n'y fuſt donné reſolution, ſinon que par
le Roy ils fuſſent licentiez.

Ce meſme iour comparut l'Archeueſque
d'Ambrun enuoyé par le Clergé auec quelques
autres Prelats, qui recita que l'Ordre Eccleſia-
ſtique & de la Nobleſſe auoient accordé d'aſſembler les Deputez enuoyez au faict des finances en la maiſon du Doyen S. Sauueur, & que
le tiers Eſtat y fit comparoir les douze qu'ils a-
uoient deputez, qu'à c'eſt effect ſe pourroient
expoſer le differend qui eſtoit entre eux & la
Nobleſſe pour le faict de la ſaiſie & arreſt des
deniers des tailles & taillon qu'on vouloit faire,
& qu'on aduiſeroit quel fond on pourroit faire
au Roy pour ſuruenir aux affaires qui ſe preſen-
toient : ſurquoy fut arreſté que les Deputez aux
finances, s'y trouueroient, & rapporteroient le
tout à l'aſſemblée, ſans reſoudre aucune choſe
iuſques à ce qu'ils euſſent aduis de l'aſſemblée
du tiers Eſtat, qui ſe pendant continuoit touſ-
jours à la compilation du Cayer general, diſpu-
putant auec bonnes & viues raiſons les articles
dudit Cayer.

Ce mesme iour de releuée fut resolu par tous les Deputez des Estats de Bourgõgne assemblez à S. Sauueur que l'on n'entreroit en l'associatiõ susdite, que premierement les Estats de Bourgongne n'en fussent aduertis, & au mesme instant la resolutiõ fut rapportée au Duc de Mayne Gouuerneur de Bourgongne, qui dit qu'il le feroit entendre au Roy.

Ce mesme iour Bigot Aduocat du Roy au Parlement de Rouën, Deputé auec les autres au faict des finances pour le tiers Estat, qui auoit esté à la conferance faicte auec les autres Deputez, fit rapport de ce qui auoit esté traité, mesmement que personne desdits Deputez n'auoiët faict aucune ouuerture des moyens pour suruenir aux affaires du Roy : tellement que ladicte conference auoit esté remise au Dimanche ensuiuant heure de Midy.

Le Samedy matin douziesme dudit mois, sur l'aduertissement qui fut donné par le Procureur general en l'assemblée du tiers Estat, que le Roy luy auoit commandé de dire aux Deputez desdits Estats qu'ils enuoyassent aucuns d'entre eux vers sa Majesté pour entendre aucunes choses qu'il auoit à leur dire pour son seruice, & à l'instant quelques vns Deputez des trois Estats s'estans transportez vers sa Majesté, rapporterent tantost apres que l'occasion pour laquelle il les auoit mandés estoit pour leur coãmader qu'ils expediassent leurs Cayers en toute diligence, & que son intention estoit de donner audiance, & que les harangues fussent faictes deuant luy. Le

Ieudy enfuiuant, quoy que lefdits Cayers ne fuſſent expediez, parce qu'il vouloit que le ſub-ject des communications qu'il auoit a decerner cy apres fuſt pris, ſur ce qui luy ſeroit propoſé par leſdites harangues; leur auoit auſſi comman-dé qu'ils auizaſſent quels moyens il y auroit de le ſecourir en ſes affaires, & ſur ce que l'Arche-ueſque de Lyon (qui eſtoit pour le Clergé) l'ayãt ſupplié de leur faire luy meſme la premiere ou-uerture de quelques moyens, il auoit preſenté vn memoire contenant pluſieurs moyens pour luy faire fonds à ſes finances, & d'iceluy fait ex-pedier trois coppies pour les trois eſtats, ſur le-quel rapport fut arreſté que les Deputez pour les finances ſe trouueroient en la conference qui auoit eſté continuée au Dimanche enſuiuãr, & apres auoir recueilly ce qui ſeroit propoſé en icelle conferance par le Clergé & la Nobleſſe en feroient rapport au Lundy pour en deli-berer.

Ce iour meſme de releuée le Preſident du tiers Eſtat fit vne nouuelle recherche pour adui-ſer aux moyens de ſecourir le Roy: ſurquoy apres auoir deliberé fut le tout remis au Lundy enſuiuant apres auoir ouy les Deputez aux fi-nances ſur la conference qu'ils deuoient fai-re.

Le Lundy quatorzieſme dudit mois, l'Aduo-cat Bigot Deputé de Rouën & le Preſident de Tours qui le Dimanche s'eſtoient trouuez en la conference auec les autres Deputez du Clergé & de la Nobleſſe pour le faict des finances rap-

porterent que le memoire contenant les moyés
& ouuerture qu'il y auoit pour faire fonds au
Roy, mesme presenté aux Deputez, auoit
esté esleu, & iceluy mis en deliberation par les
Deputez du Clergé & de la Noblesse, & non
par ceux du tiers Estat qui n'auoient pas charge
d'opiner, attendu la deffence que le tiers Estat
leur en auoit faicte, ains seulement de faire leur
rapport de ce qu'ils entendroient; ce qui auoit
donné quelque mescontentement audit Clergé
& à la Noblesse, disant que le tiers Estat les seruoit à couuert: la chose mise en deliberation le
tiers Estat s'arresta de se tenir aux premieres re-
solutions, se deffiant aucunement des deux autres Estats qu'ils ne faisoient rien que pour se
descharger sur ledit tiers Estat.

Ce iour mesme le Duc de Mayne ayant communiqué auec les Deputez des trois Estats de
Bourgongne leur fit entendre que la volonté du
Roy estoit pour l'aduancement de l'association
qu'vn Deputé de chacun Bailliage dudit pays de
Bourgongne se transportast audit pays pour faire entendre l'intention dudit seigneur, afin que
personne ne fist difficulté d'entrer en ladicte association, & que commission seroit despes-
chée pour assembler les Estats dudit pays ou ledit seigneur ne raudroit se trouuer.

Ce iour mesme de releuée les Deputez du
tiers Estat de Dauphiné firent entendre à l'assemblée dudit tiers Estat les prinses des villes &
places fortes occupées par ceux de la Religiõ &
les calamitez dudit pays, exhortant ladicte as-

semblée d'auiser les moyés de sauuer ledit pays, autrement protesterent qu'ils n'asisteroient à la clausture du ¡Cayer, les mesmes remonstrances furent faictes par les Deputez de Guyenne & du Languedoc sans toutesfois protester.

Le Mardy quinziesme dudit mois, Versoris Orateur esleu pour le tiers Estat, rescita à l'assemblée les poincts principaux de la harangue qu'il deuoit faire le Ieudy ensuiuant deuant le Roy en l'assemblée generalle de tous les Estats, apres l'auoir ouy, chacun gouuernement delibera à part (comme il se faisoit en toutes deliberations deuant que respondre choses quelconques, s'il y auoit tant soit peu de difficulté) & apres auoir deliberé chacun des douze Deputez qui estoient esleus de chacun gouuernement pour dire l'opinió du gouuernemét, remercierét ledit Versoris de la bonne volonté ıqu'il auoit à executer la charge d'Orateur, hormis les Depu-tez de Dauphiné, qui dirent qu'on le remerciëroit apres qu'il auroit faict sa charge, & fut ar-resté qu'il adiousteroit quatre poincts à sa ha-rangue. Le premier, que la reünion de tous les subjects du Roy a vne Religion Catholique Ro-maine, qu'on demandoit au Roy s'entendoit par doux moyens & sans guerre, & de supplier sa Majesté de maintenir son peuple en paix, & & reünir ses Princes les vns auec les autres, & luy representer les calamitez & miseres qui ac-compagnoient les guerres ciuilles, & luy fut re-presenté qu'il n'oubliast ces mots sans guerre, & de rendre la paix en toute sorte.

Le second

femblée d'auifer les moyés de fauuer ledit pays,
autrement protefterent qu'ils n'afifteroient à la
claufture du Cayer, les mefmes remonftrances
furent faictes par les Deputez de Guyenne &
du Languedoc fans toutesfois protefter.

Le Mardy quinziefme dudit mois, Verforis
Orateur efleu pour le tiers Eftat, refcita à l'affemblée les poincts principaux de la harangue
qu'il deuoit faire le Ieudy enfuiuant deuant le
Roy en l'affemblée generalle de tous les Eftats,
apres l'auoir ouy, chacun gouuernement delibera à part (comme il fe faifoit en toutes deliberations deuant que refpondre chofes quelconques, s'il y auoit tant foit peu de difficulté) &
apres auoir deliberé chacun des douze Deputez
qui eftoient efleus de chacun gouuernement
pour dire l'opinió du gouuernemét, remercierét
ledit Verforis de la bönne volonté qu'il auoit à
executer la charge d'Orateur, hormis les Deputez de Dauphiné, qui dirent qu'on le remercie-
roit apres qu'il auroit faict fa charge, & fut arrefté qu'il adioufteroit quatre poincts à fa harangue. Le premier, que la reünion de tous les
fubjects du Roy a vne Religion Catholique Romaine, qu'on demandoit au Roy s'entendoit
par doux moyens & fans guerre, & de fupplier
fa Majefté de maintenir fon peuple en paix, &
& reünir fes Princes les vns auec les autres, &
luy reprefenter les calamitez & miferes qui ac-
compagnoient les guerres ciuilles, & luy fut re-
prefenté qu'il n'oubliaft ces mots fans guerre, &
de rendre la paix en toute forte.

Le fecond

ner les bonnes volontez des autres , difant que
leurs charges & procurations ne portoient aucun moyen pour fecourir fa Majefté aux affaires
vrgentes qui fe prefentoient , exhortant lefdits
Deputez d'auancer leurs Cayers en toute diligence, ne prefter l'oreille à ceux qui s'efforçoiét
de détourner leurs bonnes volontez , & de voir
les procurations qu'ils auoient pour cognoiftre
fi elles n'aydoient à la neceffité des affaires du
Roy, mefmement pour la guerre qui fe prefen-
toit, de laquelle les pays qui auoient enuoyé les
Deputez deuoiét eftre affez certains, puis qu'ils
leurs auoient donné charge de demander vne
feulle Religion Catholique : à quoy fut faict
refponfe fur le champ par le Prefidét Bordeaux
nommé Hemart, fans charge de la compagnie,
& outre fon ordre qui eftoit de quatre , à fça-
uoir qu'on ne demandoit pas la guerre en de-
mandant vne Religion Catholique Romaine:
ce qui fe pouuoit faire par Concilles par reformation des abus , & au furplus qu'ils aduiferoient tous les moyens de fubuenir à fa Majefté.

Ce iour mefme de releuée aucuns Deputez
du Clergé & de la Nobleffe comparurent en
l'affemblée du tiers Eftat, fe pleignans par la voix
de l'Euefque de Bazas, que les Deputez du tiers
Eftat ne s'eftoient ce iour là n'y le Prefident
trouuez à la conferance, ainfi qu'ils auoient pro-
mis, pour trouuer les moyens de fecourir le Roy
en fes affaires , aufquels fut donné quelque le-
gere excufe , & après leur retraicte fut arrefté

qu'il seroit deliberé sur lesdits moyens le Vendredy ensuiuant, pour par apres en aduertir le
Clergé & la Noblesse, & ce pendant le President de Tours fut deputé auec autres pour leur
faire plus ample excuse.

Le Ieudy 17. dudit mois, le Roy seant en
sa grand salle des trois Estats, au mesme ordre
que dit a esté cy dessus, & en assemblee plus
grande & plus pressee, y estant en outre le Duc
de Guise entre le Duc de Merceur, & de Neuers,
& le Duc de Mayenne grand Chambelan au
premier degré de l'eschaffaut des Princes, deuät
le Roy, apres que le Chancelier eut eu l'aduis
du Roy, fut commandé par vn Herault à l'Archeuesque de Lyon Orateur du Clergé, de parler, lors se mettant à vn pupitre à genoux deuät
le Roy, apres auoir dit vne clause de sa harangue, on luy dist qu'il se leuast, comme il fit, &
dura sa harangue cinq quarts d'heures, puis le
Baron de Senecey parla pour la noblesse demy
quart d'heure, & Versoris parla vne heure &
demie, & fut à genoux en parlant pres d'vne demie heure, iusques à ce que le herault luy dist
qu'il se leuast par commandement du Roy, &
tous les Deputez se leuerent & se decouurirent.
Quand l'Orateur du Clergé commença de
parler, & tost apres on leur dist qu'ils eussent à
s'asseoir, autant en firent ils quand l'Orateur de
la noblesse commença a parler, mais quand au
tiers Estat il demeura tousiours debout, & testes
nues, durant que l'Orateur du tiers Estat parla
comme il leur auoit esté enioinct en entrant en

la ſalle, combien que pluſieurs deputez du tiers
Eſtat s'aſſirent, & ſe couurirent voyant que le
Clergé & la Nobleſſe eſtoient aſſis & couuerts,
& n'ayant entendu le commandement de ſe tenir debout ny deſcouuerts, & depuis ils enten-
dirent que le tiers Eſtat aux Eſtats d'Orleans
auoit eſté autant priuilegié que les autres, & que
l'Orateur parla debout.

Et d'autant que les harangues ſont publiees,
il n'en ſera fait icy aucun recit : L'orateur du
clergé emporta l'honneur de bien dire, l'Orateur du tiers Eſtat ne reſpondit pas à l'eſperan-
ce qu'on auoit de luy, & pluſieurs ſe plaignoiēt
fort qu'il auoit obmis les trois points principaux dont on l'auoit chargé tres-eſpreſſement,
deux iours deuant ſa harangue.

La reſponce du Roy fut brefue, c'eſt à ſçauoir qu'il auoit agreable la declaration faicte
par les Deputez de l'affection qu'ils auoyent à
l'honneur de Dieu, de ſon Egliſe, & de ſon ſeruice. Car les trois Orateurs d'vn commun con-
ſentement auoyent requis, & ſupplié le Roy
tres-inſtamment qu'il vouleuſt reunir tous ſes
ſubiects à la Religion Catholique & Romaine,
& que les Cayers des trois Eſtats mis en ſes
mains, il pouruoiroit à leurs plainctes, & doleá-
ces, par les meilleurs moyens qu'il aduiſeroit,
& cependant il fit deffence à tous les Deputez
de ne partir qu'il n'euſt mis vne concluſion à
ſes Eſtats, à fin que chacun deſdicts Deputez
r'apportaſt à ceux de ſa prouince vn tel effect
qu'il pouuoit eſperer.

Le Vendredy matin dix-huictiesme dudict
mois, les Deputez du tiers estat s'assemblerent
pour continuer la compilation de leur Cayer, à
quoy tout le iour fut employé.

Ce iour mesme le President du tiers estat en
qualité de Preuost des Marchands de la ville de
Paris, requist en l'assemblee qu'il fust permis à
ladicte ville de Paris, d'auoir Iuge & Consuls,
nonobstant la resolution prise par l'assemblee
pour la suppressiõ d'iceux, & ou il seroit debouté, qu'on luy en octroyast acte, a quoy ce ioi-
gnirent quelques autres Deputez pour leurs
villes, comme Troyes, Orleans, Auxerre, de laquelle requeste ils furent deboutez & l'acte
deliuré.

Ce Iour mesme le President Hemart de Bourdeaux, presenta quelques articles concernants
la generalité des Estats, & moyens de subuenir
au Roy, qu'il dist luy auoir esté baillez par
ceux du Clergé, pour en deliberer par le tiers
Estat, sur quoy fut aduisé que le Cayer seroit
acheué: ce faict qu'on delibereroit sur lesdicts
articles, furent aussi nommez douze personnes,
vn de chacun gouuernement qui estoyent les
plus entiens ou premiers de chacun gouuernement, pour reuoir le Cayer general, & le remettre au net, & fut arresté que les sept esleuz en
l'absence des autres pourroyent besongner &
passer outre, & ce iour la Bodin Deputé, presida
en l'absence du President qui ne fut point de releuee, ny les Deputez de Paris.

C iij

Le Samedy matin vingt-neufuiesme iour dudit mois, fut commencé à la reuision du Cayer
general, par les douze Deputez, & arresté que
tous les autres s'assembleroyent, pour deliberer
sur les articles baillez par le Clergé au President
Hemart, pour le faict des finances, & qu'à ceste
fin les Deputez de chacun Gouuernement,
iroyent és maisons particulieres des plus anciés
Deputez où les Cayers particuliers auroyent
esté compilez, & le iour suiuant de releuee que
l'assemblee generale du tiers Estat se feroit pour
y donner resolution.

Le Dimanche vingtiesme dudit mois en l'af-
semblee generalle du tiers estat tenue de releuee, les Deputez generaux furent resous, & outre fut arresté qu'il ne se feroit aucun Cayer
commun des poincts & articles dont les trois
estats estoyent daccord, & que chacun desdits
Estats presenteroit son Cayer separémét; furent
semblablement proposez par les Deputez de
l'Isle de Fráce, quelques moyens pour acquiter
le Roy & sur iceux deliberer, & la deliberation
continuee au l'édemain, & le President de Tours
Deputé pour communiquer iceux moyens au
Clergé & à la Noblesse, pendant que les douze
Deputez besongnoient à la reuision du Cayer.

Le Mardy vingt-deuxisme dudict mois, fut
leuë par le President du tiers Estat en l'assemblee
vne lettre qui luy auoit esté escrite par le general Mesnager, qui estoit l'vn des Deputez qui
alloit trouuer le Roy de Nauuarre, en datte de

l'onziefme dudit mois, par laquelle il luy man-
doit que l'Archeuefque de Vienne fon Collegue en la mefme legation luy auoit communiqué fon pouuoir qui portoit vne claufe generale d'adioufter aux inftructions qu'il auoit, ou
d'en changer, & diminuer felon qu'il cognoif-
troit eftre de befoin, & qu'il euft efté befoing q̃
ledit Mefnager euft eu femblable procuration,
furquoi il fut arrefté qu'il ne feroit riẽ adioufté
au pouuoir dudit Mefnager. Ce iour mefme de
releuee Bodin Deputè de Vermandois Prefident en l'abfence des Deputez de Paris, comme premier Deputé de l'Ifle de France, apres
eux fit deliberer fur quelques moyens concer-
nans le menage du Domaine du Roy, mefmement fur la faifie & reuenu d'iceluy. Apres que
Bigot Deputé de Roüen eut rapporté quelques
articles qu'il auoit apris en conferant auec le
Clergé, auec lequel auoit eftélors Deputé ledit
Bodin, pour conferer auec les Deputez de l'E-
glife, entre lefquels eftoit l'Archeuefque de
Lion prefident, qui monftra que le Roy pouuoit tirer plus de fept milions de rentes mal có-
ftituees, & qui courroyent fur luy.

Le Mecredy vingt-troifiefme dudit mois, le
Roy mena en fon cabinet aucuns des Deputez
du tiers Eftat, afçauoir vn de chacun gouuernement, aufquels il fit entendre la neceffité de fes
affaires, & qu'il eftoit befoin de faire fonds tan t
pour le prefent que pour l'aduenir, mefmement
leur declaira qu'on luy auoit donné aduertiffe-

C iiij

ment d'vne inuention qui feruiroit pour faire
fonds,& au foulagement de fon peuple,& defiroit qu'elle fuft gouftee par fes Eftats, pour fur
icelle donner aduis, & à l'inftant fit entrer Meffieurs Ioullet de Chaftillõ, le Cheualier Poncet,
& vn nommé la Borde, qui reciterent ladicte
inuention, qui eftoit en fomme que pour tous
fubfides, aidẽs, & gabelles,qui demeureroyent
abolis , feroit accordé au Roy vn octroy de
quinze milions qui fe payeroit par feux, le plus
haut ne portant que cinquante liures, & le
plus petit que douze deniers , & promirent
de faire quelque projects, & en donner aufdits
Deputez.

Le Ieudy vingt quatriefme dudict mois fut
affemblé le tiers Eftat à la mefme fin que le ROY
auoit mandé les douze Deputez,qui eftoit pour
aduifer quels moyens il y auoit pour luy faire
fonds,tant pour le prefent que pour l'aduenir,
& comme le Prefident du tiers Eftat mettoit en
auant quelques moyens pour acquitter le Roy
furuint ledict Chaftillon,qui dit qu'il auoit cõ-
mendement du Roy de parler feulement aux
douze Deputez aufquels fa Majefté auoit ja
parlé,à la fin de faciliter les moyens pour faire
fonds aux finances du Roy, & foulager le peuple , ledict Chaftillon fut prié de dire fes
moyens en plaine affemblee, dont il s'excufa,
& neantmoins prefenta le proiect, & figure de
ce qu'il entendoit faire,contenue en trois fueil-
lets de papier,dont chacun print coppie pour y
dõner aduis en refoudre quelque chofe&pãdãt

que les douze autres Deputez à recourir le
Caier general, haftoiét la befongne deleur part,
& en Chambre feparee.

Ceiour mefme comparurent en ladiˆe affemblee du tiers Eftat , quelque Deputez du
Clergé & de la Nobleffe , & par la bouche de
l'Archeuefque d'Ambrun firent entendre
qu'ils eftoient d'accord entr'eux de prefenter la
requefte au Roy pour fupplier fa Majefté de re-
uocquer plufieurs ofices par luy nouuellement
erigez, & pendant la feance des Eftats,& contre
la refolution defdits Eftats,comme eftoyent les
griefs des tailles,& les offices desregrateurs, &
vendeurs de fel, inuitans ceux du tiers Eftat à
foufcrire auec eux ladiˆe requefte, ce qui fut
accordé , & ladite requefte fignee par le Secretaire du tiers Eftat: fut auffi mife fus, vne autre requefte pour fupplier fa Majefté de caffer
tousConfeillers de fon confeil priué,qui eftoiét
en nombre effrené,& y en eftablir de nouueaux
iufques au nombre de dix-huiˆ ou vingt-quatre bien zelez , & affeˆionnez à fon feruice,
pour par l'aduis d'iceux , & d'aucuns Deputez
iufques a pareil nombre donner reglement fur
les remonftrancéʒ defdits Deputez.

Entrerent pareillement en conference des
moyens pour fubuenir au Roy,à fa neceffité
prefente , & luy faire fonds en fes finances, &
furent d'vne part & d'autre propofez quelques
expediens,& fur ce que dit eft, apres la retraiˆe
dudit du Clerge, & de la Nobleffe, fut refolu
que le Roy feroit fupplié de reduire fon Con-

feil priué au nombre de vingt-quatre nō compris les princes, aussi qu'il luy feroit dōné aduis de leuer par forme d'emprūt telle somme qu'il feroit aduisé par les estats sur ces financiers, cōme Threforiers & Receueurs generaux & particuliers fermiers de son domaine, aydes, & gabelles, & de ceux qui auoyent faict party auec luy, comme ceux qui auoyent la Douanne, ses parties casuelles, & semblables.

Le samedy matin vingt-six dudit mois de Iauuier, comparut en l'assemblee du tiers Estat, vn Docteur regent de Poictiers, qui presenta vn Cayer au nom de l'Vniuersité, & touchant la reformation des Vniuersitez du Royaume, & pria l'assemblee qu'il fut leu & deliberé sur icelluy, ce qui fut fait.

Le iour mesme comparut lesdits Chastillon, le Cheualier Poncet, & de la Borde, en ladicte assemblee qui firent vne ample explication des proffits pretendus, & reuenants au peuple par l'introduction de l'octroy des quinze millions, par lecture de trois tables & demonstrations telles quelles, par eux sur ce faictes, & la responce aux obiections : surquoy fut arresté qu'il en feroit deliberé en chacun gouuernemēt a part, & le tout rapporté à l'assemblee, pour ce faict en faire responce au Roy.

Ce iour mesme l'assemblee fut conuocquee apres disner par commendement du Roy, pour ouyr ce qu'il auoit à proposer audit tiers Estat, par la bouche de son Chancelirer qui dit que le Roy l'auoit ennoyé pour dire à l'assemblee

qu'elle aduifaſt les moyens de faire fonds aux
finances du Roy, ſelon l'intention propoſée par
leſdicts de Chaſtillon , Poncet & la Borde, & à
luy fournir en deniers contans deux millions
pour fournir aux fraix de la guerre qui ſe preſentoit, auec lequel Chancellier eſtoit le Cardinal de Bourbon , le Duc de Neuers, & de Moruillier , & fit ledit Cardinal vne harangue en
peu de parolle, par laquelle il exhortoit l'aſſemblee à viure en vnion de la religion Catholique
Romaine, & à perſeuerér en l'obeyſſáce & fidelité que chacun deuoit a ſon Prince , ſur le tout
fut briefuement repondu par le Preſident du
tiers Eſtat que tous les Deputez dudit tiers Eſtat
eſtoient autant affectionnez au ſeruice du Roy,
tant en general qu'en particulier , qu'il ſe pouuoit deſirer, toutesfois d'autant qu'ils eſtoient
pour des Prouinces qui auoient eſté extreme-
ment affligées par les troubles , que ſa Majeſté
prendroit en bonne part s'ils prenoient temps
pour deliberer ſur la propoſition dudit Chancelier , & puis luy en faire reſponce dedans le
iour de Mardy enſuiuant.

Le Lundy vingthuictieſme dudit mois fut deliberé ſur les deux propoſitions dudit Chancelier, & reſolu par toute l'aſſemblée ſur l'inuention de l'octroy de quinze millôis, qu'il ſeroit re-
monſtré au Roy que les Deputez n'auoient aucunes charges de faire aucunes offres.

Le Mardy vingtneufieſme de releuée on
commença a relire le Cayer general en plaine
aſſemblée du tiers Eſtat, apres auoir eſté receu &

cortigé par les douze Deputez à ce faire.

Le Mecredy trentiefme dudit mois, l'assemblée fut conuoquée pour continuer la lecture
publique dudit Cayer, & de releuée receuoir
Monseigneur frere du Roy en ladite assemblée,
pour toucher de la partie de deux millions, &
faire entendre la necessité du Roy : mais il n'y
vint ce iour là à cause qu'il demeura bien tard
en l'assemblée de la Noblesse.

Ce mesme iour suruint vn grand trouble en
l'assemblee dudit tiers Estat, parce qu'vn nommé Paris Docteur en Medecine, & Deputé de
Limoges, voulut reuoquer l'article de la Religion couchee au Cayer, disant qu'à icelle deuoit
estre adjousté que la reünion de la Religion Catholique & Romaine que le tiers Estat demandoit le deuoit faire par douces & sainctes voyes,
& sans guerre, & qu'il auoit esté ainsi arresté
par toute l'assemblée, & que l'orateur Versoris
auoit esté expressément chargé de le faire ainsi,
& sur ce que Versoris dit qu'il l'auoit faict, alors
se leua le premier Deputé de Dauphiné qui dit
qu'il estoit trop hardy de parler ainsi, lequel Deputé de Dauphiné fut aigrement repris par les
autres Deputez dudit pays & des gouuerneurs
de Lyonnois & de Guyenne, & d'autant que le
President dudit tiers Estat Preuost des Marchands mit la main sur ledit Deputé de Limoges, disant qu'il le meneroit au Roy, le Lieutenant de Limoges l'empescha auec parolles hau-
tes & piquantes, & toute l'assemblée fit vn grād
cry (horsmis quelques vns) contre le President

& Verforis, & autres qui les fouftenoient, qui
eftojent en petit nombre, en forte que le Prefident fortit par l'huys de derriere, voyant le cry fi
haut, & fi grande efmeute de l'affemblée, qu'il y
auoit à craindre : apres qu'il fut forty plufieurs
propoferent qu'il falloit en eflire vn autre, ce
qu'entendu par ledit Prefident, & que le bruict
eftoit vn peu ceffé, il retourna fans mot dire,
Verforis dit que l'article de la Religion auoit
ainfi efté arrefté comme il eftoit couché : mais
on luy repliqua que toute l'affemblée l'auoit
corrigé auparauant qu'il fuft mis au net , &
qu'auparauant fa harangue il auoit efté chargé
de demander la paix, & que la reünion de la Religion Catholique fe fift fans guerre, comme de
faict le iour d'apres fa harangue il fut defaduoüé
par cinq gouuernemens , par defadueu expres,
ores qu'il ne fuft prefent pour appaifer ces troubles, quelqu'vn des Deputez s'aduifa de mettre
vne requefte en auant qui parloit d'autre chofe,
en forte que l'article de la Religion demeura
fans eftre corrigé.

Le Ieudy dernier iour de Ianuier en l'affemblée du tiers Eflat fut refolu que fi Monfeigneur
frere du Roy venoit en l'affemblée pour demander les deux millions, on luy feroit refponce
que les commiffions que le Roy auoit enuoyées
par les Prouinces pour affembler fes Eftats
eftoiét à deux fins, l'vne pour luy faire les plaintes & doleances qu'ils aduiferoient, & l'autre
pour regarder les moyens d'aquitter le Roy,
fans qu'il fuft rien parlé de deux millions : telle-

ment que lefdites Prouinces n'auoient donné
charge à leurs Deputez de faire aueunes offres,
parquoy feroit fa Majefté fuppliée de prendre
en bonne part, s'ils ne luy pouuoient octroyer
le fecours qu'il demandoit:penfoient bien neât-
moins que lefdites Prouinces eftans aduerties
de fon intention feroient tout deuoir de le fecourir, comme elles auoient toufiours faict en
fes neceffirez.

Ce iour mefme de releuée Monfeigneur frere du Roy vint en ladicte affemblée du tiers
Eftat, accompagné des Ducs de Mayne, de Neuers & de Moruillier, par la voix duquel il expofa fa charge touchant les deux millions, & de
l'octroy des quinze millions, faifant entendre
combien l'vn & l'autre importoit à fa Maje
fté.

La refponce fut faicte par le Prefident du tiers
Eftat, portant la parolle, qui fupplia Monfieur
de permettre que ladite deliberation fuft leue
par le Greffier qui l'auoit emologuée, ce que
monfieur ne voulut eftant comme on prefu-
moit ja aduerty de ladicte deliberation : mais il
exhorta l'affemblée de deliberer derechef fur
ce qu'il auoit propofé, & de faire en forte que
l'intention du Roy fon frere fuft fuiuie, ce qui
fut mis encores en deliberation : ledit feigneur
s'eftant retiré, & la refolution fut fuiuant ce
qui auoit efté arrefté pour le regard des deux
millions & de l'intention de l'octroy nouueau,
& arrefté que ledit Prefident le feroit entendre
à fadicte Majefté.

Feurier mil cinq cens soixante & dixsept.

LE Vendredy premier iour de Feurier, comparurent deux Gentils-hommes enuoyez par la Noblesse, qui remonstrerent qu'estant aduertis de nouueau qu'en la ville de Paris plusieurs estoient preuenus d'vsure, & qu'on estoit apres pour obtenir don du Roy des confiscatiõs & amandes, esquelles ils pourroient estre condemnez, à ceste cause voyant la necessité dudit seigneur, auoient resolu de le supplier de ne faire don desdites confiscations & amandes : ains les employer a ses affaires, & encores de prendre par emprunt telles sommes qu'il cognoistroit luy estre necessaires sur vn tas d'estrangers qui auoient faict part auec luy, & s'estoient fait donner les principales fermes de ce Royaume, plustost que sur ses subjects naturels, exhortant ledit tiers Estat d'adherer auec eux à ladicte requeste, ce qui leur fut accordé.

Ce iour mesme de releuée le President du tiers Estat fit relation des propos que le Roy luy auoit tenus le matin sur la responce qu'il luy auoit faicte suiuant l'aduis du tiers Estat, estant accompagné des douze Deputez, des douze gouuernements, disant que le Roy auoit eu vn grand mescontentement dudit Estat, en particulier des Deputez de l'Isle de France, se persuadant qu'il y en auoit quelques vns suscitez par ses ennemis qui diuertissoient les autres, parquoy leur commanda d'auiser de rechef touchant les deux millions que sa Majesté demandoit pour six mois, & l'octroy des quinze millions susdicts , & ne chercher excuses sur leurs procurations: surquoy fut aduisé qu'on s'assembleroit le iour suiuant apres Midy , & d'autant que s'estoit le iour de la purification, l'assemblée fut remise au Dimanche , & neantmoins elle fut faicte ledit iour de la purification.

Le Deputé d'Auxerre demanda au President en sortant de l'assemblée pourquoy le Roy taxoit plustost l'Isle de France que les autres gouuernemens, le President luy dist qu'il n'entendoit parler que de Bodin Deputé de Vermandois, qui destournoit les autres, ainsi que ledit Deputé d'Auxerre l'auertit, d'autant que ledit Bodin opinoit pour le bien du peuple, & les autres des Deputez de l'Isle de France qui estoit le premier gouuernement lequel estoit suiuy bien souuent des autres gouuernemens.

Cela fut cause que les Deputez de Paris ausquels Bodin s'estoit tousiours opposé quand il estoit question du bien public, semerent plusieurs propos dudit Bodin deuant le Roy & la Royne sa mere, qu'il estoit contraire au profit du Roy, côme ledit Bodin fut aduerty de quelquesvns, & parce que ledit Bodin estoit ordinairemêt au disner du Roy, si la necessité de sa charge ne l'empeschoit, & que le Roy le faisoit parler des propos & discours qui estoient mis sus comme il auoit tousiours fait dés le vingtcinquiesme Nouembre que le Roy l'enuoya querir, & apres l'auoir gratifié en presence de plusieurs gêtilshommes

tilshommes, luy commanda d'affifter a fon dif-
ner, & ce qu'il auoit faict trois iours auparauãt
confirmer la couftume de fon ayeul,& ouyr dif-
courir de tous propos graues & honneftes, le
Roy ne fe peut tenir de dire; oyant mal parler
dudit Bodin, qu'il eftoit homme de bien: dequoy ledit Bodin fut aduerty par l'Aduocat du
Roy Bigot, qui eftoit prefent depuis auffi il fut
aduerty par & plufieurs autres que leRoy auoit
toufiours tres-mauuaife opinion de ceux qui
luy rapportoient les aduis de l'affemblée, & qui
par flatterie fe vouloient 'agrandir au dommage
de ceux qui les auoient Deputez, jufqu'à dire
qu'ils eftoient perfides &' defloyaux, & qu'il ne
fe voudroit plus fier à eux.

Le deuxiefme iour dudit mois de Feurier,
quoy qu'il fuft fefte folemnelle, & qu'on euft
remis la deliberation au Lundy, neãtmoins l'affemblée fe fit, ou de rechef on mit en deliberation le faict des deux millions pour fix mois, &
du nouuel octroy de quinze millions,ou lesDeputez de Paris remuërent Ciel & terre pour les
faire accorder: mais la refolution fut fuiuie ainfi qu'il auoit efté arrefté parauãt: la raifon eftoit
que les Deputez de Paris craignant que pour le
fait de la guerre on arreftaft les rentes de la mai-
fon de Ville, qui eftoient de trois millions cent
trente deux mil liures de rente: ce qui euft cau-
fé vne fedition bien grande en ladicte ville, en
laquelle lesDeputez de Paris n'y les plus grands
n'euffent pas efté hors de danger pour euiter cela, enfemble pour obtenir ce qu'ils pretendoiẽt

du Roy, s'efforçoient de defcharger cela fur le refte de la France, faifans bon marché du bien d'autruy : joinct auffi que les deux millions o-ctroyez pour fix mois euffent peut-eftre conti-nué de fix mois en fix mois à iamais, ou du moins tant que la guerre euft duré, attendu vn octroy faict par les Eftats qui toutesfois n'auoient point de charge : dauantage qu'il fe trouua vn billet attaché à la porte de la Salle du tiers Eftat, qui portoit qu'on deuoit faifir les rentes de la mai-fon de Ville de Paris, attendu qu'elle auoit em-brazé la France des guerres ciuilles, depuis le-quel temps les Deputez de Paris ne font gueres trouuez aufdites affemblées dudit tiers Eftat,& ledit Bodin Deputé de Vermandois prefidoit quand le tiers Eftat s'affembloit en l'abfence des Deputez de Paris.

Le Lundy quatriefme de Feurier, fut arrefté que le Cayer general fera figné par le Greffier & par fes deux Affeffeurs, & barré & parafé, & ce-la faict prefenté au Roy par le Prefident du tiers Eftat accompagné d'vn Deputé de chacun gou-uernement, & que ladite prefentation fe feroit, s'il eftoit poffible, auec le Clergé & la Nobleffe, feroit auffi le Roy fupplié de juger ledit Cayer le pluftoft que faire fe pourra, & toutesfois ne luy feroit demandé congé, afin qu'on ne print occafion de les renuoyer fans rien faire.

Le cinquiefme de Feurier, ledit Cayer gene-ral fut mis au net, contenant quatre articles.

Le fixiefme dudit mois, le tiers Eftat fut af-femblé pour clorre le Cayer general qui fut encores leu publiquement sans contredit.

Ce iour mesme fut arresté qu'on signeroit vne requeste auec le Clergé & la Noblesse, au nom des trois Estats: tendant afin de reduire les Conseillers de son priué Conseil au nombre de dixhuict ou de vingtquatre, non suspects d'heresie, & qui n'auroient adheré à ceux qui s'estoient soubs-leuez contre sa Majesté, & qu'il y en eust vn de chacune Prouince ou gouuernement, & aussi de deffendre a ses Secretaires d'Estat & finances, de n'auoir clercs ne commis de la susdite qualité : fut arresté par mesme moyen que le Greffier dudit Estat auroit pour ses frais deux testons de chacun Bailliage, & que si les Deputez vouloient auoir autant du Cayer ou proces verbal qu'il leur seroit deliuré en pavant raisonnablement, toutesfois il ne fut possible depuis d'obtenir coppie dudit proces verbal, obstant que le Greffier disoit ne l'auoir mis au net.

Ce iour mesme le Lieutenant de Bar sur Seine partit de Blois pour le faict de l'assignation, & quelques autres Deputez de chacun gouuernement licentiez à ceste fin, & le Lieutenant particulier de Paris,& quelques autres enuoyez auec luy emporterent confirmation du Roy de l'association faicte particulierement par aucuns bourgeois de Paris.

Le Vendredy huictiesme dudit mois de Feurier, l'Euesque d'Authun,le seigneur de Mōtmorin & le President de Poictiers, qui estoient retournez de leur legatiō, firent rapport au tiers

Eſtat de ce qu'ils auoient negotié vers le Prince de Condé, lequel ils diſoiét n'auoir voulu ouyr leſdits Ambaſſadeurs, n'y receuoir les lettres des Eſtats, parce qu'ils ſe diſoient eſtre Deputez par les Eſtats leſquels il ne recognoiſſoit point pour Eſtats, attendu que la forme des Eſtats n'y auoit point eſté tenuë : ains eſtoient les Deputez pratiquez, corrompus & gaignez, voire ſolicitez par les ennemis jurez de la Couronne, & qui auoient pratiqué l'abolition de l'Edict, à la ruyne & ſubuertion du Royaume, duquel il deploroit la calamité.

Et pour l'obligation qu'il auoit à la Couronne, de laquelle il auoit ceſt honneur d'eſtre ſi proche, & au ſalut vniuerſel de ſa patrie, qu'il expoſeroit tous les moyens que Dieu luy auoit mis entre main, iuſques au dernier ſouſpir de ſa vie : s'aſſeurant qu'il ſeroit ſuiuy de la pluſpart de la Nobleſſe Françoiſe, & autres deſireux de la conſeruation de ceſte ancienne Monarchie, ſi miſerablement affligée depuis dixhuict ans en ça.

L'Eueſque d'Authun & ſes collegues de rechefluy preſenterent leſdites lettres des Eſtats, auec tout l'honneur deu à tel Prince, le ſuppliãt vouloir les receuoir & ouyr leur charge, ledit Prince les refuſa, ne recognoiſſant point telle aſſemblée pour Eſtats, & que s'ils euſſent eſté librement tenus, il s'y fuſt trouué pour l'affectió entiere qu'il portoit au ſeruice du Roy & repos de ſa patrie, qu'il auoit aduis de bõne part qu'on auoit enuoyé éſProuinces, pour pratiquer l'Ele-

ction des Deputez , que quelques vns se seroiét
tellement prostituez qu'ils auroient pratiquez
& changé leurs Cayers, qu'ils desiroient estre
plustost au centre de la terre , que voir iouër de
si piteuses tragedies, que chacun de jugement
pouuoit preuoir ; & que pour la perte d'hómes
& ruyne vniuerselle de ce Royaume , il souste-
noit que la guerre se peut decider entre les
chefs & principaux fauteurs , & qu'il s'estime-
roit heureux de perdre son sang en preseruant
la vie de tant de braue & gentille Noblesse , des
deux parties, pour la conqueste de quelque
Royaume ou seigneurie, comme l'occasion depuis peu de iours s'estoit presentée, & en ce faisant retirer sa patrie du miserable ioug de serui-
tude, soubs laquelle on vouloit reduire la liberté, & qu'il s'asseuroit que le Roy n'estoit point
cause d'vn si prochain & euident nauffrage:ains
le pernicieux conseil de ceux qui ne tendoient
qu'a s'esiouyr de voir espandre le sang des naturels François, dont il demandoit vengeance à
Dieu, qu'il auoit tousiours cognu le Roy tres-
debonnaire Prince & veritable , son naturel
esloigné de tous desordres, & grandement desireux de maintenir son peuple en bonne & loya-
le concorde , qui estoit le solide & principal
moyen de conseruer sa couronne.

A quoy l'Euesque d'Authun auroit respondu,
que s'il plaisoit audit seigneur Prince entendre
sa charge, ensemble celle de la Noblesse & du
tiers Estat, il cognoistroit par bonnes & justes
raisons ; sauf son honneur & reuerence, qu'il

D iij

auoit esté tres-mal informé de la sincerité dont
l'on auoit vsé en ladicte conuocation & assemblée desdits Estats, & à laquelle s'estoient trouuez les premiers personnages du Royaume, qui
y auoient apporté vne grande pureté, bonne volonté & integrité de conscience, dont ils auoiét
faict euidente preuue par l'ouuerture de tous
bons moyens pour affermir perpetuellement la
paix en ce Royaume, ou le restablir en sa premiere splandeur, & presentant les lettres de la
part d'iceux Estats audit seigneur Prince, le sup-
plierent leur vouloir donner audiance, ce que
ledit seigneur Prince auroit refusé & perseueré
en ses premieres remonstrances, toutesfois que
si ledit Euesque d'Autun auoit quelque chose à
luy proposer de la part du Roy, il luy donneroit
& aux autres telle audience qu'ils desireroient,
à quoy auroit esté respondu par ledit Euesque
d'Authun, que luy & ceux qui l'assistoient ne
pouuoient porter parolle audit seigneur Prince
en autre qualité que de Deputez du Clergé, de
la Noblesse & du tiers Estat : & neantmoins
voyant ses requestes n'auoir lieu, le suppliant
aduouër les humbles recommendations que
luy faisoiét Messieurs du Clergé, qui luy offroiét
tout honneur, respect & reuerance, comme à
vn Prince tres-illustre & qui auoit cest honneur
d'estre extraict des Roys de France, comme
aussi fit le semblable le seigneur de Montmorin pour la Noblesse, & le President de Poictiers
pour le tiers Estat, ledit seigneur Prince remercia tres-humblement Messieurs du Clergé, di-

fant qu'il les auoit toufiours aymez & honorez,
& qu'é tout ce qui luy eftoit poffible il les main-
tiendroit & conferueroit : comme auffi Meffieurs de la Nobleffe, eftant tous difpofés à leur
faire feruice, & pareillement Meffieurs du tiers
Eftat, defquels il auoit grand pitié & cômifera-
tion pour les grands maux qui pouroient tom-
ber fur leurs teftes, & que c'eftoient ceux qui fe
difoient les Eftats qui leur coupoient la gorge :
ce faict lefdits Deputez faluërent derechef, ledit
feigneur Prince & fe retirerent.

Ce difcours ainfi faict qu'il eft couché cy deffus en l'affemblee du tiers Eftat, par lefdits Deputez, ils furent remerciez par la compagnie, &
aduifé qu'il en feroit autant efcrit au regiftre
dudit Greffier dudit Eftat, apres qu'ils affeurerét
qu'il auroyent rapporté les chofes comme elles
s'eftoyent paffees à la verité, & les propres di-
ctions dont ledict feigneur Prince auoit v-
fé.

Le Samedy neufiefme iour dudict mois, les
cayers des trois eftats furent prefentez au Roy
par les trente-cinq Deputez, douze de chacun
Eftat, ce qu'on auoit voulu faire le iour preced-
dant, mais le Roy fit differer la prefentation, iufques audit iour, & promit y faire bien toft refponce, & receut auffi ladicte requefte touchât
le confeil priué, qu'il dit luy auoir efté agreable,
& deflors le bruict courut qu'il auoit licencié
les feigneurs de Lenoncourt, & de Limoges qui
s'en allerent. Il pria lefdicts Deputez de ne partir que les ambaffadeurs enuoyez au Roy dé

Nauuarre, & autres, ne fuſſent de retour, & que
ceux qui s'en iroyent feroient paroiſtre la mau-
uaiſe volonté qu'ils auroyent à ſon ſeruice.

Le Mardy douxieſme dudit mois de Feurier,
l'Archeueſque d'Ambrun , & le ſeigneur de
Maintenon, accompagnez d'autres Deputez du
Clergé & la Nobleſſe, ſe preſentirent en l'aſſemblee du tiers Eſtat, Preſidents lors en ladicte aſſemblee Bodin Deputé de Vermandois, en l'abſence du Préſident, & des Deputez de Paris : Ledict Archeueſque d'Ambrun dit que le Clergé
& la Nobleſſe eſtoient d'accord entr'eux pour
eſlire douze perſónes de chacun ordre, pour aſſiſter à la deſcizion des Cayers, & de ſupplier le
Roy les receuoir, exhortans ceux du tiers Eſtat
de faire le ſemblable, ainſi qu'il auoit eſté ja
reſolu, Bodin Preſident pour l'aſſemblee, les remercia fort affectueuſement de ce qu'ils s'e-
ſtoient touſiours monſtrez preſts à ſemondre &
conuier l'aſſemblee aux choſes qu'ils iugeoient
eſtre vtilles & neceſſaires , & qu'en cela ceux
dudit tiers eſtat deburoient pluſtoſt preuenir.
Et combien que ce qu'ils demandoient fuſt ia
reſolu, toutesfois pour l'honneur qu'on faiſoit
à l'aſſemblee, il les pria de leur donner vn delay
pour en deliberer derechef, & que le iour ſuiuant il feroit reſponce.

La choſe fut miſe en deliberation le iour
meſme de releuee, preſident ledit Bodin Deputé de Vermandois, en l'abſence de ceux de Paris fut reſolu que le tiers Eſtat ne feroit ellection

des Deputez pour iuger & affifter au iugement
des Cayers, ny conferer,& fi les autres Eftats
s'efforçoient d'en choifir & nommer quelques
vns,que le tiers Eftat s'y deuoit oppofer:la charge de porter la parolle au Clergé & à la Nobleffe,fut baillee audit Bodin.

Le Mecredy trefiefme dudit mois, Bodin
le Deputé eftant en l'affemblee, fut prié de rechef de porter parolle audit Clergé, & à la nobleffe, touchant la refolution prife le iour precedent : ce qu'il fit, accompagné du Prefident
de Moulins & fix autres Deputez , & en la falle
du Clergé,on fit feoir ledit Bodin Deputé,Ioi-
gnant l'Euefque de Laon,& fes collegues apres
luy;Apres auoir faict vne preface d'honneur,il
commença fon propos par vne maxime politi-
que,qu'il n'y à rien plus dangereux en matiere
d'Eftat, que de fe tenir ferme & arrefté en fes
propos, ains qu'il faut changer & s'accommoder aux plus faines opinions,continuant,il dict,
que ceux de fon ordre auoyent requis le Roy
auec les deux autres ordres a ce qu'il pluft à fa
Maiefté vouloir prendre du corps des Eftats de
chacun ordre certain nombre de Deputez, mais
que cela s'eftoit faict, fans auoir affez pefé la
confequence de la requefte,qui eftoit caufe que
depuis,ils auoiét mis l'affaire en deliberatió , &
apres auoir longuement debattu,en fin auoyent
refollu de ne faire aucune eflection des Deputez de leurs corps,& fupplier le Roy ne prendre
perfonne pour affifter au iugement,ny à la conference defdicts cayers, d'autant que les Eftats

n'auoyét pas ceste puissance, qui estoit vn point
peremptoire, auquel il n'y auoit point de repli-
que , & mesme qu'il n'estoit pas permis a vn
simple procureur substitué , beaucoup moins
aux Deputez, ayant charge publicque, & de telle consequence. Et quant ores ils eussent eu
puissance de choisir & nommer quelques personnes pour iuger lesdicts Cayers , si est-ce
qu'ils ne deliberoyent pas le faire, attendu le
preiudice perpetuel qu'ils feroyent a tout le
peuple de France , qui estoit reduit à quatre
cens Deputez, par forme d'Estats, & que si on
vouloit reduire les Deputez à dix-huict ou
vingt-six personnes, se feroit reduire les Estats
de France au petit pied , jaçoit qu'il n'y eust
homme en l'assemblee qui peust estre vaincu
par presens, ny par prieres, ny par promesse: si
est-ce qu'il estoit a craindre que la peur, & la
crainte qu'ils auroyent en la presence du Roy,
& de tant de Pinces, & seigneurs les pourroient
faire changer, & varier. Comme on disoit que
Louys onziesme, auec dixhuict personnes qu'il
conuoquoit par forme d'Estats, disposoit a son
plaisir de tout ce qu'il voulloit, & faisoit entendre que s'estoient les Estats, & en ceste façon, il
mit les Roys hors de pages, d'auantage se feroit
vn moyen de perpetuer les estats , & les rendre
ambulatoires, en ostát la forme legitime desdits
Estats qui estoit bien a priser, & quand ores les
Deputez qu'on auroit choisis seroient incorru-
ptibles, & inuariables, si est-ce qu'ils seroyent
tousiours vaincus à la pluralité des voix , & s'il

aduenoit que les Deputez se trouuassêt en plus
grand nombre auec quelques autres du priué
conseil pour le bien public, si est-ce neätmoins
que le iugement en demeure au Roy,en la presence duquel toute la puissance du conseil priué , & de tous les Magistrats, & officiers de ce
Royaume , cessent, & n'ont aucun pouuoir de
iuger ny commander:& quand au conseil Priué,il n'a aucun pouuoir,ny en la presence,ny en
l'absence du Roy,atandu qu'il n'est point erigé
pour iuger,& ny a pas vn seul du priué Conseil
qui soit Officier du Roy en ceste qualité:l'Archeuesque de Lion dit que les Deputez ny en-
teroyent sinon pour conferer, & non pas pour
iuger,combiê que la premiere requeste portoit
pour iuger. Bodin repliqua que la conferance
simple seroit encores plus dägereuse:car n'ayät
point de voix deliberatiue,ils seroyêt tousiours
à la mercy du Conseil priué, qui se fera par le
bon plaisir du Roy.Et neantmoins on diroit,les
Deputez ouys & appellez en côferance en sorte qu'il ny auroit iamais de source. Et quand au
Cayer du tiers Estat,il dit qu'il estoit si clair & si
bien raisonné qu'il n'estoit possible d'y rien
adiouster:Que le papier ne rougisoit point,que
si on estoit debouté on auroit tousiours le re-
cours à sa Majesté , & à la voix de requeste.
Neantmoins si le Conseil Priué trouuoit quelque difficulté sur les articles,que sa Majesté
pouroit mander quelques Deputez, lesquels
apres auoir ouy la difficulté r'apporteroyent le

tout à l'affemblee pour la refoudre, & faire refponce au Roy : Apres plufieurs raifons ledict
Bodin Deputé de Vermandois voyant que les
principaux Archeuefques qui auoyent volonté
d'eftre Confeilliers du priué Confeil, ne vouloyent pas prendre fes raifons en payement, il
dit que fi meffieurs de l'Eglife auoyent refolu
de choifir & nommer des perfonnes a cefte fin
qu'il les fuppliroit ne trouuer mauuais fi le tiers
Eftat s'y oppofoit, & qu'il auoit charge de leur
faire entendre. Lors ils s'eftonnerent, & l'Archeuefque de Lion Prefident du Clergé dit
qu'ils eftoyent d'accord auec la nobleffe pour
ceft effect. Bodin leur repliqua que le tiers Eftat
auoit plufieurs plaintes & requeftes à faire contre les autres Eftats, & que ceftoit contre tout
droit diuin & humain, qu'ils fufent iuges &
parties, & que la couftume ancienne de ce Royaume, gardee en tous les Royaumes de la chre-
ftienté, eftoit que les deux Eftats, ne pouuoient
rien arrefter au preiudice du trofiefme, priant le
Clergé de metre derechef la chofe en deliberation, comme le tiers eftat auoit faict, & que les
requeftes ja prefentees au contraire fe pouuoiét
reiecter, & qu'on s'en ponuoit deporter.

Le Prefident fit refponce que la chofe feroit
encore mife en deliberation.

Le iour mefme l'Archeuefque de Lion qui
eftoit anciés compagnon dudict Bodin, comme il dit en plaine affemblee, le trouuant au
Chafteau, luy demanda confeil furce qu'il auoit
rapporté au matin à l'affemblee, Bodin luy dict

rondement que pour son honneur, il se deuoit
bien garder de faire nommer des Deputez, ou
d'y entendre, quand ils seroyent nommez, pour
les raisons ja dites, & autres que ledict Bodin
n'auoit deu declarer publiquement.

Le iour mesme ledict Bodin alla en l'assemblee de la noblesse, accompagné comme dessus,
ou furent faites semblables remonstrances, & le
president de la noblesse luy quita la place, il y
eust le Seigneur de Maintenon auec quelques
autres qui dirent que cela estoit arresté, & neãtmoins la compagnie pour la plufpart trouua
lefdictes raisons necessaires.

Le Vendredy quinziefme dudict mois, le
Clergé ayant mis la proposition susdicte en deliberation, pour respondre s'il debuoient nommer des Deputtez pour le iugement des Cayers,
apres auoir longuement debatu, la resolution
fut qu'ils n'en nommeroyent poinct, & qu'ils
n'entreroyent poinct au iugement des Cayers
la chose fut rapportee au Roy, parce qu'elle
estoit de la plus grande consequence qui eust
esté proposee entre les estats, & que la noblesse
estoit seulle entre laquelle plusieurs estoient de
l'aduis du tiers Estat, il y eust vn seigneur qui
dit en presence du Roy, que ledit Bodin ma-
nioit les Estats à son plaisir, ainsi que ledit Bodin fut aduerty, ce qui fut cause que le Roy ne
regarda pas deflors en auant ledit Bodin de si
bon œil qu'il auoit accoustumé, comme ledict
Bodin presumoit.

Le iour mesme de releuee, l'Archeuefque de

Vienne, le seigneur de Rubempré, & le general Mesnager qui auoyent esté enuoyez en qualité d'Ambassadeurs par les trois Estats au Roy
de Nauarre, estans de retour firent leur relation
à chacun des trois Estats apart, reciterent que le
Chancelier & autres officiers du Roy de Naua-
re les auoient receuz auec toutes les courtoisies
& honneurs qu'il estoit possible de faire, estant
le Roy de Nauarre empesché pour battre la ville de Marmande pres de Bourdeaux, laquelle il
laissa à la venuë desdicts ambassadeurs, apres
qu'ils eurent faict quelque submission verbal-
le audict Roy de Nauarre, lequel estant de retour en la ville Dagen, receut lesdicts Ambassadeurs, ensemble les lettres desdicts Estats, & en-
tendit tout ce que lesdits Ambassadeurs auoiët
à luy dire de la part desdicts Estats, suiuant leur
instruction, que l'Archeuesque recita, laissant
les parolles picquantes, & qui auoient plus d'ai-
greur, & qui sembloient contenir quelque me-
naces de hazader son Estat, lesquelles ledict
Archeuesque de Vienne luy fit entendre en son
cabinet, puis apres, que ledict Roy de Nauarre auoit prises en bône part, & a icelles faict
responces bien douces & pleines de beneuolen-
ce, lesquelles remonstrant ledit Archeuesque
de Vienne leur en plaine assemblee.

Quant aux instructions desdicts Ambassadeurs, elles contenoient trois chefs, le premier
vne gratiffication à sa personne pour la qualité
& grandeur qu'il tenoit en ce Royaume, a-
uec vne inuitation d'assister aux Estats. Le se-

cond de se ioindre au Roy, & a ses Estats, pour
reduire ses subiects à vne Religion Catholique
Apostolique & Romaine. Le troisiesme des
inconueniens & malheurs qui aduiendroient
de la diuision de luy & des Estats, & que lesdicts
Estats estoient resolus d'employer la vie, & les
biens pour la reduction des subiects du Roy à
vne mesme religion.

Le Roy de Nauarre reçeut tout en bonne part
& pleura oyant l'Archeuesque de Vyenne reci-
ter les calamitez de la guerre, & fit respóce ausdits Estats, tant par lettres que par instructions
bien amples, & la superscription des lettres portoit à Messieurs les gens tenans les Estats à Blois,
& au dessoubs des lettres y auoit vostre plus affectionné & seruiable amy HENRY, la lettre
estoit telle. Messieurs ie vous remercie affe-
ctueusement de ce qu'il vous a pleu enuoyer
par deuers moy, & mesme tels personnages de
telle qualité & merite, lesquels i'ay veus & ouys
tres-volontiers, comme ie receuray tousiours
(auec toute affection & respect) tout ce qui
viendra de la part d'vne si honorable & digne
compagnie, ayant vn si extreme regret de ce
que ie n'ay peu m'y trouuer, & vous monstrer
en personne en quelle estime ie tiens vne telle
assemblée, & comme ie seconde vos volontez,
en ce que vous desirez tous mettre fin aux maux
& miseres dont ce Royaume est de si lóg temps
affligé, & pour le remettre en quelque meilleur Estat, promouuoir & procurer enuers le
Roy mon seigneur toutes bonnes & sainctes or-

donnances & reglemens : mais le fuccés & eue-
nement d'vne fi fainéte entreprife, tendant à la
reftauration de ce Royaume, depend a mon aduis, de ce que requeriez & confeillez au Roy
qu'il tende à la paix, fi vos requeftes & confeils
tendent à la conferuation de la paix, il vous fera
aifé d'obtenir toutes bonnes propofitions à toutes vos plaintes, remonftrances & doleances, &
les faire executer & entretenir de poinét en
poinét, & par ce moyen recueillir vous mefme
& trãfmettre à la pofterité le fruiét de vos auis
& confeils, que fi par le moyen de quelques vns
(qui pourueu qu'ils fuiuent & feruent à leurs
paffions ou profit particulier ne fe foucient de
perdre la France) vous vous laiffez efchapper
des mains la paix, tant neceffaire, i'ay grand
peur que voftre defir & le mien, auec celuy de
tant de gens de bien qu'il y a en ce Royaume, &
toutes nos efperances de cefte affemblée, ne
foient vaines, & que tout ce Royäume ne demeure non feulement fruftré du grand bien qui
luy eftoit offert par cefte affemblée : mais qu'il
foit encores pis, fi tant eft qu'il puiffe fubfifter,
& partant Meffieurs ie vous prie de tout mou
cœur & affeétion, vouloir encores deliberer fur
ce poinét, duquel depend tous les autres, mefme la confolation & contentement que vous
defirez, & qui importe le plus à l'Eftat de ce
Royaume, & de ceux aufquels on ne peut fail-
lir deux fois, de ma part ie recognois que non
feulement mon intereft, comme de tous autres
Citoyens eft conjoinét auec le public, mais a-
pres la

pres la perſonne du Roy mon ſeigneur,& Monſieur ſon frere , i'ay plus grand intereſt à la
conſeruation & rēſtauration de ce Royaume
que perſonne de ce mōde : Et par ainſi vous me
trouuerez touſiours preſt & affectionné a faire
auec vous tout ce entierement qui viendra au
bien & repos d'iceluy , & a y expoſer tout ce
que Dien m'a donné de moyen, & ma propre
vie : comme auſſi a vous complaire & ſeruir à
tous en general, & m'employer pour vn chacun de vous en particulier en tout ce qui me ſera poſſible : & par ce que i'ay reſpondu plus
particulierement à Meſſieurs vos Deputez, en
ce que ie deſire & demande eſtre receu devous,
ie feray fin à la preſente , priant Dieu Meſſieurs
vous vouloir bien inſpirer & illuminer par ſa
ſaincte grace & ſon Sainct Eſprit.

Les inſtructions du Roy de Nauarre ſont fort
amples, & commencent par actions de graces
enuers les Eſtats , de luy auoir enuoyé des principaux d'entre eux : Les louë du zelle qu'ils ont
au bien & repos de ce Royaume, craint toutesfois que la requeſte qu'ils ont faict au Roy, de
ne tolerer en ce Royaume exercice d'autre Religion que la Romaine, ne ſoit pas la voye pour
paruenir au repos tant deſiré , n'y d'appaiſer les
troubles qui ſeront d'autant pires que les pre-
cedens, qu'il n'y aura moyen de les pacifier,
quãd bien à la fin les deux partis le voudroiẽt,
& meſme depuis qu'on faict des ouuertures ſi
dangereuſes & ſi pernicieuſes a tous accords à
l'aduenir, que de reuoquer en doubte que és

accords qui ont esté faicts par cy-deuant, le Roy n'a peu obliger sa foy pour la conseruation de son Estat & de tout ce Royaume, que partant ledit Roy de Nauarre prie & reprie ladite assemblée au nom de Dieu, & pour l'obligation qu'ils ont au bien du Roy & de la patrie, d'y vouloir bien penser & repenser, comme estant la plus hazardeuse chose, & de la plus grande importance dont on ait iamais deliberé en France.

Les prie considerer non seulement ce qu'ils desirent : mais ce que ce Royaume peut comporter, & ce qui se peut faire, comme le malade desireux de santé, qui ne prend pas ce qu'il trouue agreable & a son goust ; mais souuent ce qui est bien deplaisant & amer comme plus conuenable à sa maladie.

Que s'il faict mal au cœur des Catholiques qui jouyssent de leur Religion, qu'on leur face aucun trouble, voir ceux de ladicte Religion a qui on la veut oster du tout, apres leur auoir tant de fois accordée & si long temps permise : il desire aussi, que les Estats considerent soigneusement qu'en vain on s'est efforcé de la chasser de ce Royaume, & des Royaumes d'Angleterre, Hongrie, Boesme, Dannemarc, Escosse, Suedde, Suisse & Allemagne, où elle a mis le pied, & que sa Majesté a faict serment en Pologne de maintenir l'exercice de ladicte Religion, & n'y rien changer de peur de troubler l'Estat.

Ne s'arrester à ce qu'on tient ladicte Religion pour heresie : car quand ainsi seroit, ce que

non, elle ne se deuroit ny pourroit oster par vne
telle assemblée : ains par vn Concille general,
auquel toutes parties sont ouyes.

Et quand à ce qu'on vouloit s'ayder de l'e-
xemple de son pays de Bearn, duquel l'exercice
de la Religion Catholique qui fut ostée par la
deffuncte Royne sa mere, ledit Roy de Nauarre à deliberé & ja commencé d'y remettre ladicte Religion.

Et partant ledit Roy de Nauarre prie & reprie
ladicte assemblée pour la 3. fois, d'y vouloir bié
penser, & remettre l'affaire en deliberation.

Quand à ce que ladicte assemblée desire que
le Roy de Nauarre se conjoigne auec le Roy, &
auec elle ledit Roy de Nauarre, pense leur estre
conjoinct par tout lien naturel & public, & n'a
eu iamais & ne veut auoir autre intention que
de luy obeyr & faire tout tres-humble seruice,
il a cest heur & honneur de luy estre si proche
parent & allié, & recognoist luy estre tant obli-
gé par tant d'honneurs & de faueurs qu'il a receu de sa Majesté, qu'il ne se peut desirer plus
estroicte conjonction, & si elle se peut accroi-
stre par humble seruice, il le fera.

Quand à ce qu'en particulier ils desirent qu'il
ait a faire qu'il n'y ait qu'vne Religion Catholique Romaine, & quitter celle dont il faict pro-
fession, il a accoustumé de prier Dieu, & le prie
en vne si belle assemblée, que si sa Religion est
la bonne, comme il croid, qu'il vueille luy cõ-
firmer & asseurer, que si elle est mauuaise luy
face entendre la bonne, & illuminer son El-

prit pour la fuiure & y viure & mourir, & apres
auoir chaffé de fon Efprit tous erreurs, luy donner force & moyens pour ayder à la chaffer de
ce Royaume, & de tout le mõde; s'il eft poffible.

L'Archeuefque de Vienne dict, que les Miniftres auoient fait effacer cefte claufe entreligne,
& que le Roy de Nauarre l'a fit adjoufter.

Prie l'affemblée de fe contenter de fa refponce, & neantmoins fi elle en defire vne plus ample, la prie ne trouuer mauuais qu'en chofe de
telle confequence & importance, il y panfe dauantage, & attende aduis d'vne affemblée de
ceux de ladite Religion & Catholique vnis, qui
fe doit faire par commandement du Roy à Mõ-
tauban dans peu de iours, ce pendant la compagnie fe peut affeurer qu'elle trouuera le Roy
de Nauarre toufiours enclin & affectionné à la
paix, & a tout ce qui appartient vrayement à
l'honneur de Dieu, au feruice du Roy & repos
du Royaume, quand il deuroit pour ceft effect
fe bannir volontairement & aller pour l'honneur & reputation du Roy expofer fa vie hors
d'iceluy, auec vne bonne trouppe de mefme
volonté & affection.

Apres que ledit Archeuefque de Vyenne eut
fait lecture & recit des chofes fufdites, il dit qu'il
auoit faict pareil recit au Roy, qui luy auoit commandé d'aduertir l'affemblée pour entédre quel
que chofe qu'il auoit à leur dire pour fõ feruice.

Arriua auffi fur la fin de ladicte relation, le feigneur de Bienezon, enuoyé de la part de la Nobleffe pour aduertir la cõpagnie que le iour du

lendemain lefdits feigneurs deputeroient quelques vns de leur ordre pour conferer auec le Clergé de ce qui eftoit a faire fur la refponce du Roy de Nauarre.

Cela faict le Prefident du tiers Eftat remercia au nom de l'affemblee lefdits Ambaffadeurs, de l'honneur & bon office qu'ils auoient faict à la compagnie, & fut l'affignation donnée au landemain pour aduifer ce qu'on auoit a faire.

Le Samedy matin feiziefme dudit mois en l'affemblée du tiers Eftat, attendant la venuë du Prefident, fut arrefté que le Roy feroit fupplié de reuoquer les commiffions qu'il auoit ja faict expedier pour la taxe des Deputez de la Nobleffe, qui fe vouloiét payer fur le tiers Eftat, & auffi ordonner attendant la defcifion des Cayers, que fes monnoyes feroient receuës en fes receptes au prix qu'elles auoient cours en ce Royaume, & que les commiffions feroient deliurées aux Deputez gratuitement: ces deux derniers articles ne furent accordez.

Le Prefident arriué, le faict du Roy de Nauarre fut mis en deliberation, & à la pluralité des voix arrefté qu'on n'y toucheroit, & qu'on n'entreroit en conferance de cela ny d'autre matieres qui fe pouroient prefenter à l'aduenir, difant que les Deputez auoient faict leur charge, & qu'ils n'auoient point de puiffance apres auoir prefenté leurs Cayers, & pour faire entendre ladicte refolution au Clergé & à la Nobleffe, trois furent Deputez; ce iour là le Deputé de Vermandois ne peut affifter à l'affemblée pour maladie qu'il auoit.

Le Lundy dixhuiⅽtiefme duditmois, les trois fufdits Deputez firent rapport à l'affemblée de ce qu'ils auoient conferé auec les Deputez des autres Eftats, touchant la refponce du Roy de Nauarre, & qu'ils auoient prins femblable refolution que le tiers Eftat ; & refolurent d'en faire la refponce au Roy, à l'inftant l'Archeuefque de Vyenne & le fieur de Rubempré defdits Deputez des trois Eftats, dirent à l'affemblée que le Roy de Nauarre les pryoit auant que l'affemblée fe departift, interceder vers le Roy d'Efpagne pour luy rendre fon Royaume qu'il tenoit injuftement, dont ils auoient oublié de parler, faifant le difcours de leur legation. Bigot l'vn des Deputez du tiers Eftat en fit recit à l'affemblée, & comme ils auoient auec les Deputez du Clergé & de la Nobleffe, faiⅽt refponce au Roy touchant le Roy de Nauarre, par la bouche de l'Archeuefque de Lyon, & demande congé pour tous : à quoy fa Majefté auroit faiⅽt refponce qu'elle commenceroit a voir les Cayers qui luy auoient efté mis és mains, & y vacqueroit fans intermiffion depuis vne heure apres Midy iufques a trois, ce pendant defiroit bien que tous les Deputez demeuraffent iufques à la fin pour remporter en leurs Prouinces quelques bonnes refolutions ; & d'autant que le fejour de tous lefdits Deputez pourroit eftre par trop onereux aufdites Prouinces, fe contenteroit qu'il y euft vn de chacun ordre qui affiftaft à la defcifion defdits Cayers, pour luy faire

entendre les motifs & raiſons des articles, &
que ceux-la eſtäs nommez, les autres s'en pourroient bien retourner: Apres auoir oüy &enten-
du ceſte reſponce, les Deputez du Clergé,& de
la Nobleſſe ſe retirerent, & Bigot preſenta la requeſte ſuſdicte, touchant les taxes & monnoyes, que le Roy bailla au Chancelier pour la
voir.

Ledit rapport faict par ledit Bigot, fut reſolu
que le Roy ſeroit ſupplié de donner purement
congé à tous les Deputez du tiers Eſtat, & les
excuſer de nommer aucuns d'entre eux pour
aſſiſter à la deſciſion des Cayers, ſoit pour y opiner ou donner raiſon des articles, pareillement
de n'admettre pour ceſt effect aucuns Deputez
des autres Eſtats, & neantmoins expedier leſdits
Cayers le pluſtoſt que ſa commodité le perme-
troit, le Preſident Hemard auec vn Deputé de
chacun gouuernement furent nommez pour
faire ladicte reſponce, fut auſſi arreſté que dés
ce iour aucuns des Deputez ne pourroient faire
ne requerir aucunes choſes en la qualité de Deputez des Eſtats.

Le Mardy gras dixneufieſme dudit mois l'aſſemblée du tiers Eſtat fut conuoquée par commandement du Roy, pour ouyr Monſieur de
Moruillier de la part du Roy, qui expoſa à ladicte aſſemblée, comme ſa Majeſté deſiroit expedier les Cayers,& commenceroit a y vacquer le
landemain ſuiuant ſa promeſſe, & afin que le
voyage deſdits Deputez ne fuſt infructeux, les
pria de ne partir ſans ſon congé expres.

E iiij

Aptes que ledit seigneur de Moruillier se fut retiré, il fut resolu que la deliberation du iour precedent tiendroit, & douze furent Deputez pour en aduertir le ROY, & demander instamment congé pour le tiers Estat, pour beaucoup de raisons que proposa le President Hemard, suppliant sa Majesté vouloir excuser lesdits du tiers Estat, de nommer ou souffrir nommer aucuns des Deputez pour la descizió desditscayers, remettant le tout à sa discretion & prudence, & de prendre à son Conseil ceux qui seroient bien choisis.

Le Roy dit qu'il leur feroit responce le landemain vne heure apres Midy, & que les Deputez qui s'estoiét retirez sans son cógé, auoient faict vne grande faute, laquelle il leur pourroit bien faire sentir en leurs Prouinces.

Le Mecredy vingtiesme dudit mois comparurent en la Salle pres du Cabinet du Roy, les Deputez du tiers Estat, où la plus grande partie d'iceux. Là le Roy assisté, de la Royne sa mere, & de la Royne sa femme, des Cardinaux de Bourbon, de Guyse & d'Est, des Ducs de Guyse, du Mayne, & de Neuers, & autres seigneurs, pour respondre aux requestes faictes à sa Majesté le iour precedent par lesdits Deputez, afin d'estre licentiez, dit qu'il auoit proposé voir & deciderles Cayers qui luy auoient esté presentez, & qu'il desiroit en ensuiuant vne requeste qui autresfois luy auoit esté faicte au nom de tous les Deputez, que certains Deputez assistassent & fussent presens à la descision desdits

Cayers, pour l'inftruire des raifons qui les auroient meus a coucher lefdicts articles en leurs
Cayers, voulant bien de tant gratifier lefdicts
deputez, encores que cefte couftume n'euft efté
pratiquee aux Eftats tenus par ces predeceffeurs Roys, d'autant que les Deputez enuoiez
par les Eftats au marechal Dampuille n'eftoient
de retour, par lefquels il auroit faict prometre
audict Marechal & autres de fon party, toutes
les furetez neceffaires, au cas qu'il fe rengeaft
foubs l'obeiffance du Roy, il feroit peut eftre
neceffaire d'efectuer lefdictes feuretez. Ioinct
auffi que le Prince de Montpenfier deuoit venir dans quatre ou cinq iours, qui pourroit apporter quelques nouuelles, fur lefquelles il auroit meftier de leur confeil & aduis : & fi tant
eftoit que Dieu permift, que ce Royaume tom-
baft en quelques troubles, qu'il faudroit par neceffité qu'ils auiffaffent quels moyens il y auroit
pour le fecourir, affeurant que la nobleffe ne
luy manqueroit de fecours, telle quelle auoit
toufiours donné à fes predeceffeurs Roys, qu'il
fe fioit bien auffi que le Clergé, & les trois E-
ftats feroyent leur deuoir, comme ils auoyent
accouftumé de tous temps, que de fa part il e-
ftoit refolu de vendre des biens de fon domaine, pour trois cents mille liures de rentes a perpetuité : ce qu'il defiroit eftre faict, par l'aduis
defdits Deputez, aufquels pour ceft effect, il or-
donnoit s'affembler, & ou il penferoit que le fe-
iour de fi peu de iours feroit à la foulle des prouinces, leur prometoit d'en nommer fix ou

douze de chacun ordre, qui repreſenteroient le corps des Eſtats.

Le Ieudy vingt-vnieſme dudict mois les trois Eſtats ſe raſſemblerent chacun à part, pour deliberer ſur la propoſition du Roy, qui contenoit quatre chefs, le premier, de demeurer attandant la reſolution des Cayers, le ſecond de luy nommer aucuns pour aſſiſter à ladicte reſolutió, le tiers de le ſecourir le dernier de luy dóner aduis ſur l'alienatió de ſõ domaine. Et fut reſolu par le tiers Eſtat, apres auoir deliberé ſur le tout, de ne conſentir l'alienation du domaine à perpetuité pour le tout, uy en partie, & de ne conſentir que aucuns des Deputez aſſiſtaſſent à la deciſion des Cayers, & de ne faire offres quelconques, touchant le ſecours que le Roy demandoit, faute de puiſſance, & neátmoins qu'on attédroit le retour des Ambaſſadeurs enuoyez par les Eſtats & par le Roy au Marechal Dampuille, & au Roy de Nauarre, & que ladicte reſolution ſeroit communiquee au Clergé, & à la Nobleſſe pour apres la faire entendre au Roy par certains Deputez de chacun gouuernement.

Le Vendredy vingt-deuxiſme dudit mois de Febuier, les ſuſdicts deputez, ayant communiqué auec le Clergé, & la nobleſſe, differerent de rendre reſponce au Roy, ayant entendu que ladicte alienatió du Domaine à perpetuité eſtoit neceſſaire, du moins pour trois cent mille liures, pendant qu'on deliberoit ſuruint vn gentil-hõme de la part du Roy, qui aduertit le Preſident Hemard, qu'on differaſt à la deliberation iuſ-

ques au lendemain, que le Roy auoit deliberé
enuoyer de sa part vn gentil-homme à l'assemblee, qui fut cause que l'assemblee fut rompue,
auec vn'murmure bien grand de toute l'assemblee, que ledit President, & Bigot Aduocat du
Roy de Rouan , estoient pratiquez & cortom-
pus, & de fait ledit President Hemart President
du Parlement de Bordeaux, & Maire de la ville,
& Deputé pour ladicte ville, en eut main leuee
de ses gages arrestez , & douze cent liures de
pension le iour precedent , chose qui fut aussi
tost euentee , il enuoia audict Bodin vn nommé de Lariuiere, son Collegue susdit, & Deputé
de Guienne, pour s'enquerir si les Estats pouuoyent consentir l'alienation du Domaine a
perpetuité. Bigot en cas pareil enuoya aussi le
Lieutenãt general de Lymoges, son amy inthi-
me nommé du Boys, pour sauoir dudict Bodin
la mesme difficulté, lequel fit responce que l'aduis commun estoit , que le Roy n'estoit que
simple vsager du Domaine , & que sa Majesté
entretenue , & ses officiers payez le surplus se
deuoit garder pour les affaires de la republique,
& quand au fond, & proprieté dudict Domaine,
qu'il apartenoit au peuple , & par consequant
pourroient bien consentir l'alienation perpetuelle dudit Domaine, s'y les prouinces auoyent
baillé procuration expresse à ceste fin , & non
autrement. Et neantmoins quand les prouinces le voudroient bien, si est-ce que cela ne se
doit pas faire pour le bien du peuple: car par ce
moyen le peuple s'obligeroit, & toute la posterité à nourir, & entretenir le Roy, & le Royau-

me, & faifoit vne ouuerture inneuitable, & m
le impofitions, defpouïllant le Roy de tout ce
qu'il peut auoir pour l'entretenement de fon
Eftat, beaucoup moins fe doit il faire par les
Eftats, eftans plufieurs abfens & licentiez, &
n'ayant aucune puiffance. Le Deputé de Vermandois, ne pouuoit iuger que léfdicts Prefidét
& Aduocat du Roy ignoraffent les loix du Domaine, mais que c'eftoit pour fentir s'il trouuoit
bon qu'il fuft alienné, ayant quelque peu de reputation de l'affemblee des Eftats, pour n'eftre
point corrompu, & qu'on auoit auffi oppinion
qu'il en deftourneroit plufieurs par fon aduis.
Or pour le faire defloger de l'affemblee ledict
Bodin, penfe que ledit Bigot ou autre aduerti-
roit le Roy qui ne confentiroit iamais ladicte
aliennation a perpetuité, & pour y obuier, qu'il
feroit bon que le Roy fift quelque declaration
que ledict Bodin Deputé de Vermandois n'e-
ftoit pas affectionné à fon feruice, & de faict le
Roy manda le iour mefme de releuee certains
Deputez des trois Eftats, & leur fit entendre le
mefcontentement qu'il auoit d'aucuns Deputés qui ne vouloiét confentir l'alienation de fon
Domaine, & qu'il ne pouuoit penfer que cela ne leur procedaft de mauuaife affecton à fon
feruice.

Bigot qui auoit veu ledit Bodin autres-fois
Procureur du Roy, en la reformation generalle des eauës & forefts de Normädie, & cognoif-
foit qu'il auoit mis les plus grands feigneurs
du pays en procez qui occupoient les forefts du

Roy, & le plus beau de son Domaine, faisoit grande instance ausdicts Deputez que le Domaine fust alienné a perpetuité, esperant par ce moyen gaigner beaucoup pour tout le pays, outre la recompense qu'il en esperoit en particulier, & en solicitoit fort ledit Bodin.

Le Samedi vingt-trois dudit mois de Feburier, le sieur de Belieure se trouua par commandement du Roy, en l'assemblee du tiers Estat, qui auoit esté remise a ce iour là, & exposa derechef l'intention du Roy touchât l'alienation perpetuelle dudict Domaine, à laquelle ses subiects se debuoient conformer, & combien que par les loix du Royaume, le Domaine fust sacré, & inalienable, si est ce que telles loix n'auoy ent lieu en temps de necessité, comme estoit celle de present qu'il y alloit du salut du peuple, & de la conseruarion de l'Estat, en ensuiuant la loy des douze tables *salus populi suprema lex esto*:& se deuoient telles loix qui auoient esté establies pour la manutention de l'Estat fauorablement interpreter, non pas, *in eius perniciem trahi maximè*, qu'il estoit plus expedient vendre partie du Domaine pour conseruer le reste, qu'en ne vendant rien, exposer le tout en proye, & telle vente se deuoit plustoft appeller conseruatiõ, qu'alienation du Domaine, pour lesquelles causes lesdicts du tiers Estat deuoyent consentir l'alienation, ou donner d'autres moyens à sa Majesté pour la guerre qui se presentoit.

Le President Hemard fit responce pour la compagnie, que ledict sieur Belieure deuoit prédre en bonne part les raisons pour lesquelles elle n'auoit donné consentement à ladite signification, qui sont telles en substance: Premierement que lesdits Deputez n'auoyét charge des Prouinces de consentir ladite alienation, ce qui estoit necessaire, que par la loy fondamétale de ce Royaume ceste aliennation estoit prohibee & deffendue, que le domaine du Roy est cómo le fonds dotal, d'vne femme, que le mary ne pouuoit aliener, n'estant le domaine de l'Eglise tãt priuilegié que le domaine du Roy, d'autant que le domaine de l'Eglise se pouuoit alienner, par les sainctes constitutiós en certains cas, & en gardant les solemnitez: mais quand au domaine du Roy, il n'y auoit cas auquel il peust estre alié-né, *Etiam*, auec solemnité que le domaine du Roy estoit vne colóne, qui seruoit pour le sou-stenemét de la Couronne, laquelle partãt il fal-loit plustost regarder à fortiffier qu'à demolir & demembrer, que le domaine estant alienné le moyen estoit osté au Roy d'entretenir son Estat, & assigner à l'aduenir dots, doüaires, & apannages, que c'estoit chose inaudite, que ledit doüaire fust vendu a perpetuité, & sans rachapt: de laquelle les estats pourroyent estre remar-quez par la posterité, attédu que cela ne s'estoit iamais pratiquee quoy que le Royaume fust ve-nu en trop plus grãd dãger qu'il n'est à present, Mesme du temps du Roy Iean, que la necessité des affaires n'estoit telle qu'on deust venir à ce point de vendre le domaine, d'autant que le Roy auoit fonds d'ailleurs pour faire la guerre

signámêt par deux milions de liures, qu'il faisoit leuer sur le peuple, pour le secours qu'il ti-
roit du Clergé, par la retention des rentes con-
stituees, & gaiges de ces officiers, & par la vente
de quelques offices par luy nouuellement erigez, cóme de regratiers à sel, Gréffiers de tailles,
que le domaine estant alienné, il seroit necessaire pour l'entretenement de l'Estat du Roy, d'en
remplacer autant qu'il en seroit osté, & que cela retourneroit sur le pauure tiers Estat seulle-
ment, & non sur les deux autres qui le côsenti-
royent aisement, nonobstant lesquelles raisons
ainsi deduites, Dict ledit sieur president audict
sieur de Bellieure, que la côpagnie delibereroit
sur la proposition par luy faicte, comme il ad-
uint apres le traité dudit sieur de Belieure, & la
resolution fut prinse par l'assemblee qu'il ne seroit touché au domaine du Roy, & que si les affaires estoyent si vrgentes & pressees, qu'il se
pourroit accommoder de la moytié des rentes
côstituees: tant sur les villes que communautez
de ce Royaume, excepté les rentes qui estoient
dues aux vefues, & pupilles, pourroit aussi leuer
emprunéts sur les financiers, & ceux qui ont fait
part auec luy, & encores vendre du domaine
de l'Eglise, iusques a telles sommes qu'il aduï-
seroit estre de besoin: Et pour faire entendre ceste derniere conclusion au Roy, fut Deputé le
president Hemart, qui estoit fort indigné de
n'auoir peu obtenir ledit consentement, & le
Roy fort fasché de ladicte resolution.

Le Mardy vingt-sixiesme dudict mois de

Feurier, la compagnie du tiers Eſtat fut aſſemblee apres diſné, pour receuoir Meſſieurs l'Eueſque du Puy, de Rochefort & Tole, qui eſtoyent
reuenus de deuers le Mareſchal Dampuille, &
ouyr & entendre l'effect de leur legations, qui
fut qu'ayant trouué ledict Mareſchal en la ville de Montpelier, il luy auoient preſenté les lettres qui luy eſtoyent eſcrites par les Eſtats, &
propoſé les choſes deſquelles ils auoyent eſté
chargez par leurs memoires, & inſtructions,
leſquelles il auoit priſes de bonne part, metant
à l'oppoſite beaucoup de raiſons en auant, qui
debuoient mouuoir les Eſtats d'entretenir la
paix pluſtoſt que remetre ce Royaume aux
troubles dont il eſtoit ſorty, ainſi qu'il eſt plus
au long contenu és inſtructions & lettres par
luy baillees auſdicts Ambaſſadeurs: Mais il faict
à notter que les proteſtans & Catholiques vnis
auec ledit Mareſchal, enſemble ledit Mareſchal,
ne voulurent pas que les lettres & inſtructions,
& parolles de creance fuſſent tenues ſecretes, &
communiquees ſeullement audit Mareſchal,
mais le tout fut dit & leu publicquement.

COPPIE

COPPIE DES LETTRES DVDIT
Mareschal aux Eſtats , aſſemblez
en la ville de Blois.

LA ſuperſcription portoit, à Meſſieurs,
Meſſieurs de l'aſſemblee, ſe tenant pre-
ſentement en la ville de Blois. Parce que ledict
Mareſchal Proteſtants, & Catholiques, vnis enſemble les Deputez du Roy de Nauarre , &
Prince de Condé , auoyent proteſté de nulité,
contre leſdits eſtats ou aſſemblee , des le vingt-
& deuxieſme Septembre , mille cinq cens ſeptente ſix : Et la proteſtation auoit eſté enuoyée
au Roy qui fit reſponce le vingt-huictieſme
Octobre ſuyuant.

Meſſieurs i'ay eſtimé vn grand honneur &
faueur, que voſtre aſſemblee m'ait communiqué (par Meſſieurs du Puy, de Roche-fort, &
Tole , les Deputez preſents porteurs) leur deſir'
ſurce qu iſe traicte en icelle, lequel (côme Catolique , yſſu de la maiſon qui s'eſt conſerué
le nom des premiers Chreſtiens , & ayant eſté
nourry & eſleué en ceſte Saincte Religion)
I'ay trouué & trouue bon , & pour l'obtenir ie
ſacriffiërois tres-volontiers ma propre vie, ne
le pouuant faire pour vn meilleur effect : Mais
conſiderât ce qui s'eſt paſſé, & la ſaiſon ou nous
ſommes, i'ay eſtimé eſtre mon deuoir, comme
officier de ceſte Couronne, vray & naturel Cô-
ſeiller d'icelle, de vous repreſéter par les inſtructions que i'ay baillees auſdicts Deputez, l'im-
poſibilité deffectuer ceſte intention , m'eſtant

essayé de vous remettre deuāt les yeux ce qu'õ
doit peser auparauant que de nous plonger au
gouffre des mal-heurs , qui nous ont taut affoibly,& desquels on esperoit estre à present de-
hors, tant au moyen de l'Edict de pacification,
que du bon conseil qu'on se proposoit deuoir
estre donné au Roy, vous suppliant les ballan-
cer auec cela que i'ay dit de bouche , ausdits
sieurs Deputez, Et croyez que i'ay trop faict de
preuue de la fidelité , & affection que moy &
les miens portons au Roy,& a ceste couronne,
pour ne manquer au debuoir de vray , & fidel
suiect:n'ayant iamais visé, qu'à ce que i'ay esti-
mé pouuoir apporter repos , & tranquilité a ce
pauure &desolé Royaume:lequel sur tout nous
deuõs empescher de téter vne derniere secous-
se,pour le voir si fort attenué qu'il n'a quasi plus
que la superficie. Ie vous supplie encores derechef,Messieurs y biē penser,& estre asseuré que
de mon costé,i'y presteray tout le moyen , & le
pouuoir que Dieu m'aura mis és mains , ainsi
que lesdits sieurs Deputez vous discourront plus
particulierement, sur lesquels me remettant, ie
me recommandray humblement à vos bonnes
graces,& priray Dieu (Messieurs) vous donner
en santé,longue vie. De Montpellier ce 8. Feburier 1577.& au bas vostre bien obeyssant amy a
vous faire seruice.

Henry de Montmorency.

Senfuit l'inftruction dudict
Marechal.

LEdict fieur Marefchal a tres-iufte occafiõ de rendre de tout fon cœur tout le remerciemẽt poffible à Meffieurs de ladite affemblee, pour l'honneur qu'il luy font, & l'eftime qu'ils ont de luy, recognoiffant qu'il eft yffu (ainfi qu'il luy reprefente) de la tige de cefte maifon, qui a produit tant de grands perfonnages, fidelles à leur prince, & patrie, qui auec leurs merites ont efté pourueus, & efleus à de grandes & honorables charges efquelles il ont toufiours faict paroiftre combien ils eftoyent amateurs du feruice de leur Prince, & de l'augmentation de leur couronne.

Sy ceux-là ont efté toufiours pouffez, de cefte fplandide volonté & en ont rẽdu & produit en public les effects, ledit fieurMarefchal (qui grace à Dieu a tãt retenu de la bõne inftitutiõ & nourriture paternelle, qu'il ne mefcognoift ce qui eft de fon deuoir) eft preft & appareillé de fuiure la trace de fes deuanciers, & aymeroit mieux iamais n'auoir efté né au monde, que de fouïller & contaminer cefte illuftre & fleuriffant renom que la maifon de Montmorency s'eft acquis, de la fource de laquelle il eft forty, fans degenerer de leur fidelité & affection.

Or fi par le paffé les occafions, laufquelles fes deuanciers fe font employez pour la grandeur de ce Royaume, ont efté differentes à celles

d'auiourd'huy , il faut croire que le but a touſ-
jours eſté ſemblable,& que les trauaux & ſeruice qu'ils ont faicts,tendoyent à la ſplendeur
& felicité de ceſte couronne.

Il faut donc conſiderer que ce a quoy nous
voulons péner eſt pour ceſte ſeule cauſe,& qui-
conque ne s'eſtudiera à ce ſacrifier pour le
bien de ſa patrie,eſt indigne d'eſtre né en icelle,
ny porter tiltre d'honneur quel qui ſoit.

Ledict ſieur Mareſchal void, & veu , & cogneu occulairemét,quels ont eſté les maux dót
nous auons eſté oppreſſez , & qui ont quaſi
renuerſé ce grand. & floriſſant nom de François,inuincible ,& formidable à tout le môde.

Mais de la cauſe dont il nous ſont procedez,
qu'elle ne ſe puiſſe attribuer a autre qu'à la volonté de Dieu, qui pour nos pechez & fautes
les nous a enuoyez , il ne le peut dire quaſi autrement. Bien confeſſe il que Dieu (qui retient
en ſon ſecret iugemét les raiſons pour leſquelles il nous afflige ,) a permis dans le cœur
des hommes la diuerſité de religion. Mais diſ-
courant en ſon entendement que tous moyens
tant ordinaires que extraordinaires ont eſté
inuentez & excogitez , par tous les plus ſages
mondains de ce Royaume,pour couper la raci-
ne qui auoit pris pied dans le cœur de la pluſpart des perſonnes d'iceluy pour ladicte religió,
leſquels n'y ont peu proffiter , & qu'auons eſ-
prouué par tant de perte de ſang,de violence &
meurtres , & infinis autres actes tant hoſtilles,

& horibles que le fouuenir qui eſt encores deuant nos yeux nous en faict trembler, que la
force des hommes ne peut maiſtriſer & domter
le cœur de ceux qui ont l'entendement touché
de la religion, & leſquels ſe reſoluent a patir,
& perſeuerer, & ſe rẽdre perſeuerans aux troubles & afflictions qui leurs viennent, il ne peut
ſe repreſenter qu'il ſoit quaſi poſſible aux hommes de mettre fin à ce que Dieu c'eſt reſerué
comme maiſtre & ſcrutateur des cœurs d'vn
chacun.

Et pour confeſſer iuſtement de ce qui eſt de
ſon deſir, il veut dire & atteſter deuant Dieu &
les hommes, qu'il n'y a creature au monde qui
le puiſſe ſurpaſſer d'affection & volonté, pour
l'augmentation de la Religion Catholique A-
poſtolique & Romaine, en laquelle il a eſté
nourry & eſleué, & dont il faict & fera toute ſa
vie vraye & ouuerte profeſſion, eſtant pouſſé
d'autant de pieté, zele & affection, pour le
ſouſtien d'icelle qu'homme qui puiſſe eſtre; Et
prie Dieu qu'il luy face la grace, de pouuoir a
ſon honneur & gloire, ſacrifier ſa vie pour vn ſi
bon ſainct, & iuſte effect.

Ceux de la religion à preſent ſont fondez en
tant de diuers Edits, & conceſſions, approuuãs
leur religion qu'ils ont ſellees de leur ſang, qu'il
eſt bien malaiſé de les faire condeſcendre, ſi ai-
ſément à ſe departir de ce qu'ils ont achepté ſi
precieuſement, & qu'ils iugent ſeul remede
pour les faire viure & demeurer en ce monde.

Et qui plus eſt le dernier Edict (obtenu tant

folemnellement , & auec l'interceſſion des
Princes eſtrangers) leurs a faict cognoiſtre que
ce que pluſieurs diſent, que deux religions fuſſent incompatibles, n'eſt vray, veu qu'en ſi peu
de temps, que Dieu a faict pleuuoir ſur nous
ceſte benediction de paix , ils ont prins telle
habitude enſemble, ſpeciallement en ce pays de
Languedoc, qui eſt compoſé de ſi grand nombre de ceux de la religiõ, qui ſe voyẽt meſlez és
villes, lieux, maiſons , familles, voire iuſques au
lict, eſquels il faudroit mettre vn entier diuorce
ſi la liberté de laquelle ils ſont entiers poſſeſ-
ſeurs,& qu'ils eſtiment plus que leur vie leur e-
ſtoit tolie & oſtee, de maniere que ſi violem-
ment on vouloit prendre reſolution de rompre
l'EDICT ſur lequel ils ſe ſont entieremt fondez,
& leur interdire leurſdicte religion , il eſt tres-
malaiſé,& quaſi impoſſible d'y paruenir.

Car il faut conſiderer, que l'vnion & volonté des perſonnes , les rend forts & inuincibles,
comme au contraire la diuiſion & partialité ap-
porte toute ruyne & ſubuerſion.

Or ceux du pays de Languedoc, qui eſt l'vne
des plus grandes Prouinces de ce Royaume, e-
ſtans aſſemblez en leurs Eſtats principaux , ont
ſolemnellement iuré en preſence dudit ſieur
Mareſchal,& du ſeigneur de Ioyeuſe, Lieutenãt
pour le Roy, l'obſeruation & entretenement de
l'Edict,& auec vn cœur ouuert, declaré vouloir
viure, & mourir en iceluy, comme le iugeant
tres neceſſaire entr'eux pour leur conſeruation,
encores qu'on ne puiſſe dire que eſdicts Eſtats
il y euſt nombre de ceux de la Religion qui les

peuſt contraindre à faire ce ſermét, comme il ſe
void par les actes, & a cela ſe ſont rendus fichez
& arreſtez , il faut donc inferer, qu'ayant ceſte
cognoiſſance qu'ils ne peuuent demeurer entre
eux ſans equalité, ils la voudront garder inuio-
lablement, & penſeront que ceux qui la leur
voudront oſter ſeront violateurs de leur repos,
& ſeminateurs de nouueaux maux, qui leur ſont
encores ſi reſens, que la ſeule aprehenſion d'y
r'entrer, les tranſporte de paſſion, en l'obſeruation de leur tranquilité.

Doncques ſi ainſi eſt que ceſte reſolution
ſoit ſi auant dedans l'interieur de l'ame de tous
vnanimement en ce pays , & ſpecialement de
ceux de la religion, qui par tant de preuues ont
demonſtré comme ils veulent achepter ceſte liberté à eux donnee par l'Edict : ledict ſieur Ma-
reſchallaiſſe a penſer à Meſſieurs de l'aſſemblee
s'il eſt en ſa puiſſance de pouuoir ce qu'ils luy
demandent, & s'ils n'atireróc pas ſur ce Royaume & ſpecialemét ſur ledit pays de Languedoc,
tous les mal-heurs qu'on peut imaginer , leſquels pourront prendre tels traits, qu'au lieu
qu'on eſtime couper le chemin à la maladie qui
a affoibly ce Royaume, on nous plongeroit
dans vn gouffre de tel malheur, qu'il n'eſt pas
quaſi loiſible de dire ce qui en peut venir en
la fantaſie. Car le deſepoir tranſporte les hommes hors de la raiſon , & les contraint ſouuent
doublier leur debuoir, d'autant que naturelle-
ment chacun eſt enclin à la ſaluation de ſa vie,
& liberté: & que pour la conſeruer, on recher-

che sans autre consideration tout ce qui se peut apporter profit.

Ledict sieur Mareschal a bien voulu dire-ctement representer les dangers & euenements possibles, auparauant qu'en son particulier faire aucune responce, estimant estre le deuoir d'vn vray François de faire toucher ce qui cause & peut causer nos maux à ceux qui ont le moyen d'y remedier.

Et pour faire entendre ouuertement son intention ayant communiqué de ce faict (tant important qu'il excede quasi la capacité commune) auec plusieurs notables personnes qu'il a à ceste fin appellez, il a trouué apres la protestatió cy-deuant faicte, qu'il desire comme Catholique l'auancement & augmentation de sa Religion, autant que nul autre, que ce faict est general, & importe à tous les Catholiques & à ceux de la Religion qui ont receu l'Edict & iouyssent d'iceluy, specialement au Roy de Nauarre & à Monseigneur le Prince de Cõdé: tellement qu'il ne luy est possible de s'en pouuoir resoudre ny donner sur ce responce arrestée, sans a-uoir communiqué & conferé auec eux, & tous vnanimement consideré les raisons & motifs qui ont poussé ladicte assemblée de prendre le chemin auquel ils veulent entrer, afin que cela leur estant representé tout ainsi que ce faict est general & non particulier, on puisse au nom du general qui a esté interessé prendre vne bonne & saine resolution qui puisse apporter conten-tement à ladicte assemblée, & bon repos & sou-

lagement à ce pauure Royaume, qui ne peut
plus respirer des grandes secousses qu'il a euës,
& lequel si Dieu ne le regarde de son œil de pitié, & illumine ceux qui ont le timon & admi-
nistration d'iceluy en main, est en extreme peril
de retomber en vn tres-dangereux accident, lequel sera plus dur à supporter : d'autant qu'il
aduiendra lors qu'on penseroit voir le nauire au
port, & estre exempt du nauffrage, apres vn si
grand orage & tempeste qui l'auoit quasi sub-
mergé : tellement que ledit sieur Mareschal supplie humblement ladicte assemblée auoir agreable sa responce, laquelle il ne peut n'y ne doit
faire autre. Considerant que s'il est en leur main
de donner relasche a vn si grand & perilleux mal
& ils ne le font ; ils encourront à iamais l'ire de
Dieu sur eux, & au lieu de la benediction qu'on
se prepareroit leur donner pour leurs sages
& prudens aduis, les execrations & maledictiós
du peuple, qui partira tout le long de ceste
cruelle guerre, sont suffisantes pour les faire rendre odieux à tout le monde.

C'est en somme ce que ledit sieur Mareschal
peut à present faire entendre & remonstrer à
ladicte assemblée, laquelle il supplie encores
d'en conferer pour donner aduis au Roy d'vne
affaire qui importe le bié ou le mal de ce Royaume, & de mettre plus d'vne fois en balance
tout ce qu'on peut juger digne de consideratió,
& eslire pluſtoſt la douceur que la cruauté, tant
desagreable & detestable à Dieu & au monde,
laquelle cruauté sera en regne si les malheurs

nous font rentrer a nos premiers tourmens, ap-
pellant ledit fieur Marefchal Dieu a tefmoing,
du regret & defplaifir qu'il a en fon cœur de ce
voir reduict aux plus dangereufes & perilleufes
extremitez qui fe puiffent prefenter, defquel-
les il fera deliuré fi la prouidence de ladicte affemblée met en poids l'impoffibilité qu'il y a de
venir à la fin qu'ils defirent, qui eft l'vnion en la
Religion Catholique feule, à laquelle de fon
cofté il a plus de cœur que nul, & l'a voudroit
auoir acheptée de fon fang, pourueu qu'il fe
peuft faire fans la ruyne & defolation de ce pauure Royaume, duquel eftant Officier & de ceux
qui y ont auctorité, il veut eftre iufques à la derniere goutte de fõ fang vray & fidelle feruiteur,
remerciant humblement ladicte affemblée du
bon & fain jugement qu'ils font de luy: enquoy
ils ne feront iamais deceus n'y trompez : ains
fera toufiours parroiftre qu'il n'y a aucun en ce
Royaume qui le puiffe en cela furpaffer d'affection, en laquelle il demeurera ferme & inuiolable a iamais. Faict à Montpellier le huictiefme
Feurier mil cinq cens foixante & dixfept, figné
H. de Montmorency, & plus bas par mondit
Seigneur, Marion.

Le rapport faict par lefdits Seigneurs Euefque du Puys, de Rochefort, & de Tole, de leur
negociation au voyage qu'ils auoient faict vers
Monfieur le Marefchal Dampuille. L'Euefque
faifant la relation à l'Eglife, le Gentil-homme à
la Nobleffe, & le troifiefme au tiers Eftat, &
neantmoins toufiours s'accompagnans les trois

affemblées : fut arreſté ſur l'aduertiſſemēt qu'ils
donnerent, que le Clergé & la Nobleſſe ſe deuoient aſſembler le iour ſuiuant en l'Egliſe S.
Sauueur, pour deliberer ſur le meſme rapport,
comme auſſi ſur quelque traicté de paix qui
courut depuis le retour de Monſieur de Biron
deuers le Roy de Nauarre, que quelques Deputez du tiers Eſtàt ſe trouueroient en ladicte
aſſemblée, & confereroiēt auſſi auec leſdits du
Clergé & de la Nobleſſe, pour en faire apres leur
rapport ; ce qui fut effectué, & s'aſſemblerent
le iour ſuiuant (qui fut le Mecredy penultieſme
dudit mois de Feutier) au matin, aucuns des Deputez des trois Eſtats en l'Egliſe S. Sauueur, en
laquelle aſſemblée, fut entre autres diſcours
faict ouuerture par quelques vns du tiers Eſtat
de faire inſtance de la paix enuers le Roy, & ſou-
ſtenu à l'oppoſite par d'autres, tant du Clergé
que de la Nobleſſe, que cela ne ſe pouuoit faire
ſans contreuenir directement à l'article de la
Religion porté par les Cayers ; en ſorte que ceſte aſſemblée ſe departiſt ſans effect.

Ce meſme iour penultieſme de Feurier aucuns Deputez du tiers Eſtat au nombre de trente deux, de diuers gouuernemens s'aſſemblerēt
en la Salle du tiers Eſtat, comme ils auoient reſolu ſecrettement, pour s'oppoſer tant qu'ils
pourroient à ce que le tiers Eſtat ne demandaſt
la paix, jaçoit que l'aſſemblée generalle ne fuſt
aſſignée qu'au iour ſuiuant. Ce qu'ayant entendu Bodin Deputé de Vermandois, comme le
premier de l'aſſemblée, en l'abſence des Depu-

tez de Paris leur remôstra que l'assemblée estoit
assignée au iour suiuant, & sur le bruict qui fut
faict par toute ladite assemblée particuliere qui
vouloit vser de protestations, ledit Bodin fit si-
gne au Greffier qu'il se retirast, ce qu'il fit, &
voyant qu'il se retiroit, ladicte assemblée pria
vn des Assesseurs des Greffiers de leur deliurer
actes de leurs protestations, assauoir qu'ils n'entendoient changer ny alterer leurs Cayers, n'y
demander la paix, & qu'ils n'auoient point de
puissance, que leur pouuoir estoit expiré, qu'il
n'y auoit plus d'Estats, protestans aussi de nulli-
té de tout ce qui seroit resolu en l'assemblée
le iour suiuãt par les autres Deputez, Bodin leur
remonstre que s'ils n'auoient plus puissance,
c'estoit crime capital de s'assembler sans mandement du Roy, & traicter de la paix ou de la
guerre, cas reseruez à la souueraineté, & moins
pouuoient-ils encores s'auctoriser en leurs protestations, n'ayant ny corps n'y college, n'y Ma-
gistrat, ny Greffier, ny Tabellion, les supplia de
vouloir differer telle assemblée, laquelle de sa
part il ne pouuoit approuuer : ce qu'ayant ref-
fusé ledit Bodin, & quelques vns pacifiques se
retirerent, & depuis lesdits Deputez particuliers
firent escrire par l'vn d'iceux leursdites protestations, & les signerent, & firent vne requeste particuliere, signée desdits trente deux , portant
que le Roy seroit supplié de faire droict sur les
Cayers ausquels ils protestoient ne vouloir rien
adiouster n'y diminuer, n'y demander la paix
pour icelle requeste presenter, au cas que les

autres Deputez preſentaſſent requeſte tendant
afin d'auoir la paix.

Le Ieudy dernier iour de Feurier, les Deputez
des trois Eſtats furent conuoquez à S. Sauueur
pour ouyr la negociation & remonſtrance de la
paix que fit le ſieur de Montpenſier eſtant de retour du Roy de Nauarre, & d'autant que le lieu
n'eſtoit aſſez cappable, il dict aux trois Ordres
l'vn apres l'autre, ce qu'il auoit faict coucher
par eſcript, dont la teneur s'enſuit.

Meſſieurs, vous ſçauez qui a meu leurs Majeſtez de m'enuoyer vers le Roy de Nauarre,
& combien que la ſaiſon ou nous eſtions lors
de mon partement, mon indiſpoſition, l'aage
& longueur de chemin, me pouuoiét diſpenſer
d'vn ſi faſcheux voyage: toutesfois poſtpoſant
ceſte peine & trauail à l'affection que i'ay au
tres-humble ſeruice du Roy & repos de la France, ie n'ay differé de l'entreprendre, & aller trouuer ledit ſieur Roy de Nauarre, en la ville d'A-
gen, ou apres luy auoir bien particulierement
faict entendre l'intention de leurs Majeſtez, il
m'a repreſenté tant d'occaſions, de meſconten-
tement & de deffiance qu'il dit auoir, que ie me
ſuis veu pluſieurs fois en terme de m'en reuenir
ſans rien tirer de reſponce de luy qui peuſt ſatis-
faire à ſadicte Majeſté: Finallement ie luy ay
faict tant de bonnes & ſainctes remonſtran-
ces en public & en particulier qui le deuoient
mouuoir a ce ranger à la raiſon, & recognoiſtre
ce que par droict diuin & humain, il doit a ſon
Roy & ſouuerain ſeigneur, que ie l'ay laiſſé en

vne bonne volonté de rechercher tous les
moyens qu'il pourra pour parnenir à la paix, &
qu'il ne tiendra à luy que ne l'ayons. Ce qu'auparauant mon arriuée en ceste court i'ay faict
entendre à leursdites Majestez, par Monsieur de
Richelieu , & depuis par Monsieur de Biron,
afin qu'il leur pleust sur le faict de la negociatiõ
prendre quelque bonne resolution , leur ayant
faict par eux proposer tous les moyens & reme-
des que i'estimois les plus propres pour pacifier
les troubles qui de si long temps nous trauaill-
lent . Ie croy Messieurs, qu'il n'y a personne de
vous qui face doute du zele que i'ay tousiours
porté à l'aduancement de l'honneur de Dieu,&
soustenement de l'Eglise Catholique & Romaine , & qu'en vne si saincte querelle , & pour le
seruice de mon Roy ; i'ay à toutes les occasions
qui se sont presentées posé ma vie &mes biẽs,
& assisté à plusieurs batailles, tant en la presence de sa Majesté, que comme son lieutenant general , & ayant charge de son armée ; ce neantmoins quand ie considere les maux que les
guerres passées nous ont apportés , & combien
la diuision tend à la ruyne & desolation de ce
pauure Royaume : combien nos voisins estrangers font leur profit de nostre mal-heur , & tas-
chent de nous y nourrir, afin de voir vne sub-
uersion en nostre Estat, qui a esté si florissant, &
la natiõ Françoise si redoutée & crainte de toutes autres nations, quand ie pense aussi le peu
de moyens que leurs Majestez ont de faire la
guerre, la perte que se seroit de tant d'hommes

experimentez au faict d'icelle, & affectionnez à
leur seruice, ensemble le deffaut de tant de choses necessaires, les forces que tiennent nos ennemis, tant en ce Royaume qu'és pays estran-
ges, les grandes debtes du Roy, & le peu de
moyen, voire du tout nul, de se pouuoir iamais
acquiter, s'il faut recommencer la guerre : que
les iournées & batailles que nous auós données
depuis seize ans en ça, n'ont pas tant profité
pour appaiser les troubles, & amener à la vraye
cognoissance de nostre Religion Catholique,
ceux qui s'en sont diuisez; qu'eust faict vn amã-
dement de nos vies, auec vne bonne reformation en tous les Estats de ce Royaume, laquelle
est tres-necessaire : dauantage quand ie me re-
presente deuant les yeux les calamitez, esquelles i'ay veu le pauure peuple plongé par tous les
lieux où i'ay passé a mon voyage, & sans esperance de iamais s'en pouuoir releuer, sinon par
le moyen d'vne paix, laquelle vnanimement &
d'vn commun accord, tant les Catholiques que
ceux de la nouuelle opinion m'ont fait requeste
de proceder à l'endroict de leursdites Majestez,
me representant d'ailleurs les pilleries, oppres-
sions, rançonnemens, viollemens de filles &
femmes, & autres innumerables indignitez qui
se commettét en leur endroict, que quasi on ne
leur donne aucune patience ou relasche, ce
qui les met au desespoir, tant pour voir aussi la
marchandise, l'agriculture & le traffic cesser,
que pour estre du tout spoliez de leursdits biés,
aucuns d'eux contraints d'abandóuer leur pays,

& les autres impunément meurtris & occis, finalement me refouuenant de la guerre, que l'Empereur Charles le Quint à euë contre les Potentats d'Allemagne, pour mefme occafion que celle qui s'offre, ayant eu les principaux autheurs d'icelle captifs & à fa mercy, & neantmoins reduict à cefte neceffité de les laiffer viure en l'exercice de cefte Religion, & ayant efgard que le Roy d'Efpagne qui eft tant Catholique, apres auoir faict fi long temps la guerre és pays bas, a efté contraint pour la conferuation dudit pays de fon obeyffance, accorder à trois ou quatre des Princes, qui tiennent le premier degré, ce qui auoit efté conclud pour les Eftats, pour le faict de la Religion. Toutes ces confiderations Meffieurs, & vne infinité d'autres que ie vous pourrois amener pour l'experience de mon aage, & le maniëment des charges & affaires que i'ay eus, font que ie fuis contraint donner aduis à leurs Majeftez de fe refoudre a vne paix : & adouciffant de ce qui eft de l'eftroicte obferuation de la declaration qu'il a nagueres faict publier, vouloir ramener ceux de la nouuelle opinion à quelque bonne raifon, ainfi que ie leur ay tefmoigné la volonté dudit fieur Roy de Nauarre eftre difpofée à retrancher & diminuer de l'Edict de pacification dernier, eftant le feul remede & le plus expedient que ie fçache au mal qui trauaille la France, & me femble Mrs, que pour la côfideration d'iceluy vous deuez auoir ce mefme fentiment auec nous, & faire requefte à leurs Majeftez d'entendre à la paix

& d'adioufter

& d'adiouſter tels autres moyens & raiſons pour
y paruenir que la neceſſité (qui nous eſt à tous
commune) le requiert: non que par cela i'en-
tende approuuer autre Religion que la Catholique & Romaine : mais eſtant d'aduis ſeulemēt
de tollerer & ſouffrir pour quelque temps celle
que tiennent ceux de la nouuelle opinion, & l'a
leur permettre en quelques lieux qu'on co-
gnoiſtra apporter moins de troubles & domma-
ges à ce Royaume, attendant que par vn bon
Concille ou autre tenuë d'Eſtats, ou par autres
bons moyens, leurs Majeſtez ayent tellement
remis & reconcilié leurs ſubjects les vns auec
les autres, que Dieu nous face la grace de ne
voir autre Religion regner parmy nous, que
la Catholique Romaine, qui eſt celle que leurs
predeceſſeurs Roys ont touſiours tenuë & ſui-
uie, & en laquelle ie proteſte viure & mourir.
Ledit ſieur ayant acheué, il fut remercié par le
Preſident Hemard pour tout le tiers Eſtat, du
ſoing qu'il auoit de ce pauure Royaume ; & le
ſupplièrent de permettre de s'aſſembler pour
en deliberer: ce que par ledit ſieur eſtāt prins de
bóne part, leſdits Deputez du tiers Eſtat ſe tranſ-
porterent à l'inſtant en la maiſon de la Ville, où
ayant mis en deliberation la propoſition dudit
ſieur, conclurent à la pluralité des voix que le
Roy ſeroit ſupplié par requeſte eſcripte, de
reünir ſes ſubjects à la Religion Catholique,
Apoſtolique & Romaine, par tous moyens
ſaincts & legitimes, & ſans guerre, ſelon & ainſi qu'on auroit donné charge à Verſoris de l'en

G

ſupplier quand il faiſoit ſa charge, par deliberation ſur ce faicte le quinzieſme Ianuier dernier, l'acte de laquelle ſeroit attaché à ladicte requeſte. En ceſte aſſemblée, le Depuré de Carcaſſonne oppina ſeul pour le gouuernement de Languedoc : car ceux de Thoulouze n'y voulurent aſſiſter : auſſi les Deputez des Gouuernemés de Champagne, Picardie, & d'Orleans furent d'autre aduis : c'eſt aſſauoir qu'on ſe deuoit purement arreſter à l'article du Cayer touchant la Religion : mais la pluralité l'emporta: tellement que la requeſte fut dreſſée par le Preſident Hemard, Bigot & Bodin , & leuë & arreſtée en vne autre aſſemblée qui pour ceſt effect fut faicte apres diſner.

Et afin qu'on ne miſt aucune condition en ladicte requeſte, il fut arreſté que le Roy ſeroit ſupplié de nous donner la paix puremét & ſimplement : combien que trois gouuernemens adiouſtoient, ſi faire ſe pouuoit. Or d'autant que les autres qui ne vouloient demander la paix auoient reuoqué en doubte la puiſſance des Eſtats: diſant qu'ils eſtoient finis. Bodin Depuré de Vermandois ayant à parler le premier en l'abſence des Deputez de Paris : remonſtra puis que les Eſtats prenoient ouuerture ſeulement par la propoſition du Roy, qu'ils ne pouuoient prendre fin que par la clauſture d'icelle, alors que le Roy auroit licentié les Deputez, ce qu'il n'auoit faict : ains au contraire leur auoit deffendu tres-expreſſément de partir, & par cóſequent que les conuenticules & aſſemblées

particulieres faictes le iour precedent au nombre de trente, ne pouuoiēt preiudicier à l'assemblée generalle du tiers Estat, qui estoit encores
de cent cinquante ou enuiron, & qu'en tout
corps & colleges la pluralité des deux tiers presens, dōnoiēt tonsiours loy au surplus, alleguāt
sur cela les loix à propos, & qui plus est, les loix
des Romains ne permettoient point que la
guerre fust concluë n'y denoncée que par les
grands Estats du peuple, & neantmoins que la
paix se pouuoit conclurre, & arrester par le me-
nu peuple, attendu les difficultez de la guerre,
& la douceur de la paix. Il auoit auec luy six Deputez de l'Isle de France, desquels celuy de
Clermont voulant desaduouër ledit Bodin Deputé de Vermandois, fut blasmé de la compagnie, & poussé fort rudement des Deputez de
Guyenne & de Bretagne, & a peu qu'il ne fut
chassé de la salle. Les iours suiuans, il porta tous-
jours espée craignant d'estre offensé.

Le iour suiuant, qui fut le vingtseptiesme iour
de Feurier, ladicte requeste fut presentée au
Roy par la plus-part des Deputez, que sa Majesté reçeut, de laquelle la teneur s'ensuit.

AV ROY.

SIRE,
Voſtre Majeſté a aſſez cogneu comme auſſi
vn chacũ a peu iuger, que les Deputez de voſtre
tiers Eſtat aſſemblez en ceſte ville , par voſtre
commandement, ont touſiours accompagné
leurs deliberations, de telle integrité, & cinceri-
té que l'on pourroit ſouhaitter. Si eſt-ce qu'ils
n'ont peu euiter que l'on ne leur ait impoſé d'a-
uoir faict ouuerture à la guerre, comme s'ils l'a-
uoyent allumée , & embraſſée par tous les endroits de ceſtuy voſtre Royaume. Ce qui a eſté
autãt eſloigné de leurs intérions, comme ils ont
touſiours iugé que par le moyen de la guerre, &
troubles aduenus en France depuis quinze ou
ſeize ans en ça , il n'en pouuoit reuſſir que la
totale ruyne des ſubiects de voſtre Majeſté, l'e-
branlemẽt de voſtre Eſtar, & la ſubuerſion de la
Religion Catholique Appoſtolique & Romaine, ſi par la reunion des volontez de vos ſubiets
il n'y eſtoit promptemẽt pourueu, ce qui a meu
leſdits deputez , reſoudre entr'eux par cy deuant, & des le quinzieſme Ianuier dernier, ainſi
qu'il appert par l'Extraict de leur regiſtre, cy
attaché, Que Voſtre Majeſté ſeroit tres humblement ſuppliee, vouloir reünir tous vos ſubiects en la religion Catholique Appoſtolique &
Romaine, par les plus doux, & gracieux moyés

que voſtre Majeſté aduiſeroit, en paix, & ſans guerre dequoy ils ont voulu encores ſupplier voſtredicte Majeſté en toute humilité, auec declaratiõ de leur inuiolable intentiõ, qu'ils n'entendent, ny ne veullent approuuer autre religion , que la Catholique Apoſtolicque & Romaine, en laquelle ils ſont reſolus viure & mourir ſans iamais s'en departir, cõme celle laquelle ils recognoiſſent eſtre la ſeule, vraye, donnee de Dieu, & receuë de noſtre mere ſaincteEgliſe Catholique Romaine.

La preſente requeſte a eſté accordee en l'aſſeblee du tiersEſtat, à la pluralitédes voix, le Ieudy matin dernier iour de Feburier, mille cinq cens ſeptente ſept , ſuiuant la reſolution de ladicte aſſemblee faicte des le quinzieſme iour de Ianuier dernier, & a eſté preſentée au Roy le Vendredy 27. iour dudict mois audict an, auec l'extraict de ladicte reſolution , cy apres en la preſente fueille tranſcrite , ſignée, Boulanger, Secretaire & Greffier duditEſtat.

Extraict du Regiſtre du Secretaire & Greffier du tiers Eſtat de France aux Eſtats generaux tenus à Blois.

LE Mardi quinzieſme iour de Ianuier mille cinq cens ſeptente ſept, en la ſalle de l'hoſtel commun dudit Blois, lieu ordonné par le Roy pour l'aſſemblee & conference dudict tiers Eſtat, Maiſtre pierre Verſoris l'vn des Deputez de Paris, cy deuant eſleu, & prié par ceſte aſſemblee, de faire la harangue & reſponce au Roy pour ledict Eſtat, eſtant aduerty que Ieudy prochain, il faut faire ladicte reſponce, a ſommairement recité les Chefs, & principaux poincts qui luy ſemblent bons à remonſtrer & diſcourir au Roy, à fin que ceſte aſſemblee les peuſt conſiderer, & adiouſter ou retrancher ce que bon luy ſemblera.

Surquoy ladite compagnie là vnanimement requis, a chargé toucher & traicter expreſſement & amplement, quatre ou cinq poincts. Le premier ſur le faict de l'vnion de la Religion Catholique & Romaine, à laquelle ils tendent & deſirét tous eſtre reduits, de ſupplier tres-humblement le Roy, que ſe ſoit par les plus

doux moyens que faire se pourra, & sans permettre qu'on rentre à la guerre, par laquelle
son peuple est ruyné, & ne peut autrement viure en esperance d'auoir aucun fruict, ny bons
effects de ses Edicts, & du tout insister à la paix,
& ausdites fins remõstrer amplement les grãdes
ruynes, & calamitez qu'à souffertes entre autres le tiers estat, & les grandes daces, tailles, &
impositions frequentes, & deniers leuez sur
iceux.

Par Extraict dudict Registre signé
Boulenger, Secretaire
& Greffier du-
dict Estat.

CE iour mesme qui fut le vingt-septiesme
de feubrier, mille cinq cens septante sept,
le Roy pria les Deputez du tiers Estat d'entrer
encores en deliberation pour voir s'il y auroit
moyen de prester leur consentement à l'alienation de son domaine à perpetuité, ce qu'ils promirent faire.

MARS.

LE Samedy deuxiesme de Mars le tiers
Estat fut assemblé derechef pour mettre en
deliberation s'il y auoit lieu de consentir l'alienation, ores qu'il n'y eust aucun pou-

uoit special. Toutes les raisons deduictes & les
persuations propres qu'on y aporta de la part
du President & Maire de Bourdeaux. Hemart
qui auoit eu main leuee de ses gages, & douze cens liures de pension, fut resolu qu'ils ne
pouuoyent. Et la responce fut faicte par le
Sindicq de Prouence, Cheualier de l'ordre, qui
s'en acquitta mal, le Roy estant en son priué
Conseil.

Ce mesme iour fut mis en deliberation au
Conseil, de respondre à la Requeste du tiers
Estat, & en ce faisant traicter la paix auec les
Princes. La Royne mere fit merueille de bien
dire pour la paix, comme le bruit courut, & fut
secondee des sieurs de Biron, Mareschal de
Cossé, le Seigneur de Montpensier, Moruillier,
Bellieure, ainsi qu'on disoit: les Ducs de Guyse,
de Mayne, de Neuers, & le Cardinal de Guise
tenoyent le contraire : Mais le Roy inclinoit
tousiours à la paix, & l'Ambassadeur du Duc
Cazimir qui demandoit trois millions de liures y donna coup.

Le Dimanche troisiesme iour dudict mois,
ledict sieur de Biron partit pour aller vers le
Roy de Nauarre, & faire retrancher ce qu'on
pourroit de l'Edict.

F I N.